大河ドラマの黄金時代

春日太一 Kasuga Taichi

NHK出版新書
647

はじめに

本書は、ＮＨＫ大河ドラマがどのように作られたかを検証した一冊です。

取り上げるのは、一九六三年の第一作『花の生涯』から九一年の『太平記』まで。この時期の大河ドラマをタイトルの通り「黄金時代」とした理由につきましては、最後までお読みいただくとご理解できると思います。

本書の大きな特徴は、大河ドラマ各作品の制作にたずさわった、ＮＨＫのプロデューサーとディレクターの証言のみによって構成されていることです。

個々の作品に対する批評や内容分析などは、ほとんどありません。毎年の大河ドラマの企画はどのように生まれたのか。キャスティングはどのようにして組まれたのか。現場では、どのように撮影していたのか。そして、作り手たちはどのような想いを込めたのか。そのことが、一作品ごとに書いてあります。

彼らは皆、ＮＨＫ職員だったＯＢたちです。しかし、「ＮＨＫ職員」という字面から思い浮かぶ官僚的なイメージからは程遠い、熱さ、荒々しさ、泥臭さが彼らの言葉、そして語られるエピソードからは感じ取れると思います。

個人の想いが企画に強く反映され、その実現のために一人一人が汗をかく。取材を通して知ることのできたその姿には、大河ドラマという大プロジェクトに挑んでいることを忘れさせるような手作りの感触がありました。

えっ、あの作品の裏側でこんなことがあったんだ――！　そんな驚きの連続の一冊になっているのではないかと自負しています。取材中の私が、まさにそうでした。

また、大河ドラマだけでなく「金曜時代劇」「水曜時代劇」「新大型時代劇」という時代劇のレギュラー枠の作品に関しても、本書では触れています。

合わせて、お楽しみください。

大河ドラマの黄金時代　目次

第三章　制作体制の確立……69

第一章 大河ドラマの誕生

大河ドラマ『花の生涯』（1963年）
クライマックスの「桜田門外の変」は
東映京都撮影所で撮影。迫力のシーンとなった。
（写真提供：NHK）

『花の生涯』（一九六三年）

無謀なプロジェクト

NHK大河ドラマの放送は一九六三年四月に始まります。今でこそ毎週日曜日の夜八時に当然のように放送されている大河ドラマですが、放送開始当時は「無謀なプロジェクト」と考えられていました。

日本でのテレビ放送はその一〇年前、一九五三年二月一日に開始されます。

そして、テレビ放送の開始からちょうど一〇年が経った一九六三年、大河ドラマが始まります。といっても、この段階では「大河ドラマ」という枠全体を示す名称はありませんでした。このプロジェクトが何年も続く――どころか、一年の放送を最後まで終えることができるとすら、関係者の大半は思っていなかったのです。たった一人を除いて。

その「一人」が、長澤泰治。六一年四月に、NHKのテレビドラマ・歌番組・バラエティ番組を統括する「芸能局」の局長に就任した人物です。今に至る大河ドラマを始めたのは、この長澤局長でした。

社会部一筋で過ごしてきた長澤は、当時のNHKのドラマ制作に不満があったようで、後に自著『ＮＨＫと共に七〇年』で次のように振り返っています。

「テレビ放送がスタートしてまだ八年目の時である。人もカメラも狭いスタジオをドタドタと走り回る、意欲はあっても、地味で一人よがりのテレビドラマだった」

　そんなテレビドラマを改革すること、それが局長としての長澤の目標になります。目指すのは、小難しい社会派ドラマや文芸作品ではなく、老若男女、誰もが楽しめる娯楽作品です。

「テレビドラマは今までもあったが、映画に比べて概して地味で暗いものや真面目なものが多く、これぞエンターテインメントというものが少なかった。

日曜日の夜、皆で楽しめるドラマ番組、年寄りから子供まで皆で楽しめる大型ドラマ、この番組だけは何が何でも見たくなるようなもの、私はかねてそういう番組を思い描いていた」（『ＮＨＫと共に七〇年』より）

　そして行き着いたのは、時代劇でした。当時の時代劇は娯楽の真ん中にありました。これを、できる限りの豪華キャストを集めて一年間の連続シリーズとして制作する。それが長澤の考えでした。

ただこれは、この当時ではあまりに困難なことでした。

当時のＮＨＫはようやく一話完結の一時間ドラマを作ることが可能になった状況で、連続ものは一話三〇分が基本でした。まだ、その程度の制作能力しかなかったのです。スタジオは狭く、しかも少ない。機材も扱いにくい。

それだけに、現場の大半が「無謀なプロジェクト」だと驚いたといいます。現場の状況を知っていたら、どう考えても無理な話でした。

これは、長澤がドラマ畑出身ではなく、現場の現状を知らないからこそ生まれた発想でした。時として、「素人」の思い付きが歴史を動かします。今回が、まさにそうでした。

スターを連れてこい！

長澤自身も、自らがドラマ制作に通じていないことは理解していました。そこで、現場に通じた部下に、このプロジェクトを託すことになります。

「もとより私はドラマの演出、制作については自信があるわけではない。したがって誰か

が私の気持ちを理解し、番組として実現してくれなければ掛け声倒れになる」(『ＮＨＫと共に七〇年』より)

そして、プロデューサーとしてこのプロジェクトを任されたのが、芸能局の合川明でした。合川は六二年、『二つの橋』という、当時では困難なイタリアとの合作ドラマを実現させていました。そんな彼なら今回も——ということで白羽の矢が立ったわけです。

プロジェクト開始にあたり、長澤からかけられた言葉は次のようなものだったと、取材時に合川は振り返っています。

「畑仕事が終わった夜に、地味で硬いものなんか見たくないだろ。全国の人が田畑で働いたり、会社員が帰ってお酒飲んで、見るものがないじゃないか。そういう人を全部満足させるものをお前が作れ」

そして、合川はこの言葉に乗ります。合川もまた、当時のテレビドラマの現状には満足できていなかったのです。

「たしかに、当時のテレビは沈滞していました。放送開始当初は珍しいから、それこそクイズ、バラエティでも何でも見てくれた時代でした。だけど、やっぱり七、八年経つと、みんな飽きてきて。それから、テレビドラマそのものがやっぱり、僕から言うととてもお粗末でした。セットはお粗末だしね。映画みたいに豪華には作れなかった。

長澤さんとしては、なんとか沈滞を破ろうという想いがあった。もうつくづくこれはおっしゃるとおりだと思いましたよ」（合川・談）

そして、このプロジェクトを成功させるべく長澤が合川に与えた命題は、至ってシンプルなものでした。

「とにかくスターを連れてこい！」

ドラマ制作に疎い長澤にとって、「誰もが満足するエンターテインメント」とは「オールスター作品」だったのです。当人も後にこう述懐しています。

「俳優で言えば、日本を代表する大物、今全盛の映画スターを総動員し、映画に対抗できる大型エンターテインメントを作ろうと考えた」（『ＮＨＫと共に七〇年』より）

佐田啓二の決断

これが、キャスティングの交渉をしていくことになる合川にとっての大きな難題となります。というのも、当時、映画大手各社はスターたちと専属契約を結んでおり、さらに「五社協定」というシンジケートを形成して他社の作品には出演させないことにしていたからです。そのため、映画スターたちは所属する映画会社の作品以外に出演することはできず、テレビはその影響もあって映画スターたちをドラマに出演させられなかったのです。

しかも、新興のメディアで制作体制もまだ脆弱《ぜいじゃく》だったこともあり、スターたちの多くもテレビを蔑視していました。ですから、彼らを一本釣りで引き抜くことも難しかった。

それでも、長澤はお構いなしに、頭に浮かぶスターたちの名前を挙げてきたといいます。

「高峰秀子や佐田啓二を連れてこい。そのぐらいのスターが来れば、みんな見るだろう」

長澤の指示を受け高峰秀子に交渉にいった合川でしたが、「そんなものに出るくらいなら、家でお酒を飲んで寝ていたほうがいい」「あんなものに出たら腐る」と言われたと振り返っています。

テレビは安物の俳優が出るもの。それが、当時の映画スターや大物俳優の多くに通底する考え方でした。俳優座、文学座、民藝といった新劇の大劇団も、「テレビに出しても構わない俳優」「テレビＮＧの俳優」を分けていて、大物や人気俳優はＮＧにしていた――と合川は語ります。

各映画会社にスターたちの出演を依頼に行ったものの、窓口になったプロデューサーや監督たちからは一笑に付され続けます。そして、不首尾のまま帰社すれば長澤に怒られる。合川はいつものように、鉄橋の上から列車が走る姿を呆然と見つめていました。

　それでも、合川は諦めませんでした。

　まず松竹の二枚目スター・佐田啓二に狙いを絞ります。合川は佐田の自宅に日参することにしました。約半年、ほぼ毎日です。夜に佐田が帰宅するまでの間は、佐田の子供たちの遊び相手をしていたといいます。この子供たちは後にいずれも俳優として活躍する中井貴恵・貴一の姉弟でした。

　そうやって日参して、なんとかシノプシス（詳しいあらすじ）を佐田に読んでもらおうとするのですが、そこまでにはなかなか至りません。ただ、そうこうしているうちに個人的に仲良くなり、銀座に飲みに誘われたりするようになっていきます。

　そして、ついに佐田が決断を下します。テレビに出る——と。

　実はこの間に、佐田はロサンゼルスにいる友人にアメリカのテレビ事情について問い合わせていたのです。そして、その友人からアメリカではテレビが映画を凌駕しつつあることを聞き、「これからは映画ではなくテレビの時代だ」と言われていました。

　さらに、佐田を多くの作品で起用してきた松竹の巨匠・小津安二郎監督にも佐田は相談していました。その際、佐田は小津から「それは君に任す。君の将来だ。自分で決めなさい」と言われたそうです。

こうした言葉、そして合川の熱意を受けて、佐田は出演依頼を受け入れたのです。

そして、佐田という映画のトップスターが出演することになったことで、他のスターたちにも交渉しやすくなりました。合川は東宝系列の東京映画に掛け合い、淡島千景、香川京子、八千草薫という人気女優たちの交渉にも成功します。さらに、戦前からの大スターで当時はフリーの立場だった嵐寛寿郎も出演することになります。

長澤の「スターを連れてこい！」という無茶な指示を、合川は執念で実現させたのです。

撮影の効率化

原作は舟橋聖一の『花の生涯』に決まります。

江戸末期、「桜田門外の変」で暗殺された井伊直弼と、その家臣・長野主膳の物語です。佐田は主膳役になり、井伊直弼は歌舞伎界の大物・尾上松緑（二代目）が演じることになりました。ディレクターは井上博、脚本家に北条誠、美術に富樫直人。いずれも、イタリア合作『二つの橋』を合川と作った面々です。現在の大河ドラマは五人前後で演出を分担していますが、草創期は一人のディレクターが一年を請け負っていました。

こうして陣容は固まり、放送は一九六三年四月からの開始と決定します。年末までの、九か月間におよぶ毎週の連続放送です。それは、テレビ史上初の試みでした。

何もかもが初めてのことだったため、現場は試行錯誤の連続です。まず、何より大変なのはこの長期間撮影のスケジュール管理でした。

豪華キャストが実現したのはいいのですが、彼らはいずれも人気があるため忙しい。一年もの間、全てのスケジュールを押さえることはできません。それぞれに映画や舞台と掛け持ちしながらの撮影となります。そのため、日程調整は困難をきたしました。

しかも、スタジオも手狭でした。当時のＮＨＫは現在の渋谷ではなく内幸町にあり、ドラマ用のスタジオは一〇〇坪しかありませんでした。もちろん、他の番組の収録もおこなわれています。そのため、『花の生涯』の撮影ができるのは週に二日のみ。だからといって、そこに全ての出演者のスケジュールを合わせるのは難しい。その上、次に他の番組の撮影があるため撮影が終わるとセットをいったん解体し、また改めて翌週の撮影のために組み直さなければなりません。それだと、九か月に及ぶ長期撮影のどこかで破綻が生じるのは明白でした。

いかに撮影を効率化するか。それが至上命題となります。

そこに解決策を提案したのが、大原誠。後に多くの大河ドラマを手掛ける名ディレクターは、この時は入社四年目。若手の演出補として参加していました。

「週単位で一話の作品を完成させるという従来の方式を放棄したんですよ。同じセットを使うシーンを何話分もまとめて撮るという。つまり、セット効率主義です」（大原・談）

たとえば主人公の井伊直弼の居室のシーンは毎回のように出てきます。このセットを撮影のたびに組んでは壊す……ということを毎回繰り返していたら、予算もスケジュールも厳しくなります。そこで、「一話ずつ」の撮影をやめて、これを効率化した。各話から居室のセットを使う場面のみ抜き出し、それを五、六話分まとめて撮ることにしたのです。

このやり方でセットをいちいち作ったり壊したりする手間を省くことができました。そして、もう一つのメリットも。それは俳優のスケジュール調整です。一話ずつの撮影ならば、俳優は短い出番のために何度もＮＨＫに足を運ぶ必要がありますし、複数の人物が一堂に会する場面を撮るとなると、そのたびに各人の調整をするのは困難です。ところが、このやり方なら、一日のうちに共演シーンを何話分も一気に撮ることができるので、スケジュールが調整しやすくなるのです。

ただ、当初は役者たちはこの手法に反発します。多い時では一〇話分の台本を持ってスタジオに入らなければならないため、セリフを覚えるのが大変な上に感情の繫がりも寸断された中で演じなければならないからです。それでも、最終的にはＮＨＫ側の説得に折れることになります。

もう一つ、撮影の効率を上げるために工夫されたのが、セットの設計です。場面が変わるたびにセットを作ったり壊したりしていては時間がかかってしまう。といって、いくつも作り置きしておくスペースは当時のＮＨＫ局内にはありませんでした。

そこで考案されたのが「回転セット」。美術デザインを担当した富樫直人が宝塚の演劇出身だった経験を活かし、舞台の場面転回の発想でセットを設計したのです。

たとえば、広間の場面の撮影があったとします。そこの床の間を取り外し可能にしておいて、セットの裏側には何種類もの床の間を台車に載せておく。そうすることで、その台車を動かすだけですぐに別の床の間に入れ替えられます。すると、畳や柱は変わっていないのにその広間はそれまで撮っていた屋敷の広間とは別の屋敷に変身したかのように映るわけです。あとはふすまと障子といった簡単に入れ替えられる備品を交換するだけ。

庭も同様です。鉢に植えた松を台車に載せておき、根元だけは草などを植えて隠しておく。その上でセットチェンジのたびに松を出したり外したりすることで、見る側に別の屋敷の庭と思われるようにしました。

こうした効率化により、九か月におよぶ撮影は可能になっていきました。

「東映城」での撮影

ただ、そうした工夫をしてもなお、撮影は苦心の連続だったといいます。後に数多くの大河ドラマに関わることになる齊藤暁も、本作の演出補として参加。尾上松緑や佐田啓二の楽屋へ弁当を配っていました。

収録は毎回、明け方まで及んだといいます。というのも、主役が歌舞伎のトップスターである尾上松緑。歌舞伎の公演が終わってからＮＨＫに入ってくるため、入り時間は夜一〇時になる。しかも時代劇ですから、メイクをして衣装を着るのに時間がかかります。撮影スタートは一二時近くになり、撮影が終わると朝五時でした。

当時はＮＨＫの前におでん屋の屋台が出ていて、その日の撮影が終わると空が白々としてくるのを眺めながら屋台で一杯やってスタッフは解散していたといいます。それでもまた、その朝の九時にはスタジオに入ってないといけない。スタッフだけでカメラポジションを決めて、カメラマンと音声、照明、技術と一緒に打ち合わせをするためです。

「それを週に二日間、火曜、水曜と夜中までやって、で、月曜日が稽古。月曜日に三日分の稽古をやって、火、水と夜中明け方まで撮影。撮影が終わった木、金、土は編集、録音、

さらに次週の準備ですから、もうめちゃくちゃですね。まあ本当、一年間追いまくられていました」（齊藤・談）

こうした苦労の連続の末、ようやく撮影は終盤を迎えることになります。

そしてここでまた、大きな問題に直面するのです。

主人公は井伊直弼ですから、最大のクライマックスは当然「桜田門外の変」になります。この撮影のためには、桜田門の巨大なセットと雪の中の暗殺シーンを撮るだけの広大な敷地が不可欠です。そのため、ＮＨＫの手狭だったスタジオ内にセットを作るというわけにはいかなくなりました。といって、新たにオープンセットを屋外に作る予算も人員もありません。

そこで井上博ディレクターが思いついたのが、東映京都撮影所を使うことでした。

当時、東映は年間一〇〇本の時代劇映画を京都撮影所で撮っていました。そして、そこには「東映城」と言われる城門のオープンセットが建てられていたのです。ここの城門が、桜田門の撮影にはピッタリ。井上は大原誠に、これを借りられるよう、東映への交渉を命じます。

東映からすれば、ＮＨＫに貸すことは利敵行為にもなりかねない上、東映京都の面々は自分たちの時代劇に誇りがあります。下に見ていたテレビの人間が来て時代劇を撮ることなど、もってのほかです。

それでも、大原は京都に向かわされます。もちろん、撮影所幹部の対応は「けんもほろろ」でした。それから一週間、大原は撮影所に通い詰めて、頭を下げ続けます。これが功を奏したのか東映は根負けし、東映城の貸し出しを認めることになります。

カメラはＮＨＫ大阪放送局から六台持ち込まれることに。そして東映は、カメラ以外の撮影機材や大部屋俳優たちを提供しています。

この東映の豹変の裏では、実は一人の男が動いていました。それが三人目の演出補である村上慧です。

東映京都撮影所はスタッフルームから東映城のオープンセットまでは距離があるため、スタッフの移動には自転車が必要で、機材を運搬するにはリヤカーが欠かせませんでした。ところが当初、東映がＮＨＫに回してきた自転車もリヤカーも、いずれもオンボロでロクに動かないものばかりでした。

これでは撮影が始められない——。そう考えた村上は東映時代劇の大御所・マキノ雅弘監督に状況の改善を頼み込みます。実は村上の父親は、マキノの代表作といえる映画『次郎長三国志』の原作者・村上元三。そのためマキノとは旧知の間柄でした。村上の願いを聞き、マキノが裏で手を回す形で、東映京都の全面協力は実現したのです。

　この「桜田門外の変」が描かれた一九六三年一二月一五日放送の第三七回「君消ゆる」は視聴率三〇パーセントを超えます。

　「みんなが見たくなるドラマ」という長澤の狙いは、達成されました。

　スタッフたちが無理に無理を重ね、創意工夫をし、大河ドラマはなんとか船出をすることができたのです。

＊平均視聴率二〇・二パーセント、最高視聴率三二・三パーセント

『赤穂浪士』（一九六四年）

長谷川一夫を連れてこい！

　ようやく九か月の困難な撮影を乗り切り、スタッフたちは一安心——というわけではありませんでした。その放送途中から、第二弾に向けての動きがすでに始まっていたのです。

『花の生涯』の段階では「大河ドラマ」という呼称は実はまだありません。「大型娯楽時代劇」と名づけられていました。長澤芸能局長の狙いは、あくまで「娯楽」だったのです。

　そして、これには、もう一つ意味がありました。この呼称は『花の生涯』一作のみにつ

けられたもので、これから連続していく枠という意識ではなかったということです。実際、NHK上層部も一作目でやめても構わないつもりでおり、大変な目に遭い続けたスタッフはもちろん、局内のほとんどがこの一作で終わりだと思っていたといいます。

しかし、事情は変わりました。

放送開始から『花の生涯』は話題を呼び、高視聴率もマークしました。それならば、これをレギュラー枠として固定し、一年で完結するドラマを毎年作っていこうという流れになるのです。スタッフは『花の生涯』から継続されることになります。あの激務を一年ならず二年も続ける、よもやの展開が待ち受けていたのです。

それでは、今度は何を原作にするか――。ここでも長澤の指示はシンプルなものでした。

「国民的文学をやれ」

こうして選ばれたのが、大佛次郎が「忠臣蔵」を脚色した小説『赤穂浪士』でした。東映で何度もオールスター映画化された原作のため「国民的文学」と呼ぶにふさわしいものですし、題材が「忠臣蔵」なら一年を乗り切れるだけの大掛かりな物語。そして何より登場人物が豊富なため、豪華キャストを組むこともできます。

では、主演の大石内蔵助を誰に演じてもらうか――。

「長谷川一夫を連れてこい！」

それが長澤の指示でした。

長谷川一夫は戦前からの時代劇スターで、日本映画を代表する二枚目。その美しさや色気で長年の大人気を誇ってきました。この時期は映画の第一線から離れつつありましたが、それでも名声も人気も圧倒的でした。その大スターが果たして出てくれるのか。

長谷川と専属契約を結ぶ大映との交渉役は、今回も合川明プロデューサーが任されます。当時、大映の専属俳優のテレビ出演の裁量は全てテレビ室長にあり、合川はその室長と交渉しました。ところが、テレビドラマには人気スターを絶対に出さないという。「テレビに出すのは『ジェスチャー』とか『私の秘密』といったクイズ番組だけだ」と。テレビドラマに自社のスターを出すことで、自社の映画に来る観客が減ることを憂慮したのです。が、今回も合川は粘り腰をみせ、大映に日参します。そして、室長が音をあげます。

「そんなにバカみたいに言うんなら、ちょっと社長に会ってください」

大映の社長は永田雅一。早くからテレビを「電気紙芝居」と呼んで蔑視し続けてきました。かなりの難敵になります。

「電気紙芝居みたいなものに、うちの大事な重役スターを出せるか！」

そう怒鳴って永田は合川を追い返したといいます。

「あの時のことは痛烈に覚えています。永田さんからは、物凄い蔑視を感じました。もちろんこちらも映画に対して卑下していましたが——」（合川・談）

ただ、ここで折れる合川ではありません。佐田啓二の時と同様に、長谷川一夫への直接交渉に挑んだのです。

そして思わぬことに、長谷川は二つ返事でこれを承諾しました。

『花の生涯』に続いて演出補として参加していた大原誠は後日、なぜあの時すぐに出演を承諾したのかについて、その理由を長谷川に尋ねたといいます。長谷川からの答えは、次のようなものでした。

「大原君、実は『花の生涯』が放送になって、僕のところへごまんとファンレターが来たんだよ。それは地方の人たちからで、『先生、尾上松緑さんのように毎週テレビに出ていただけたら、毎週、先生の顔を拝めます。ぜひともああいうドラマに出てください。地方にいると、一年間に一回、先生のお顔を拝することができるかどうかもわからないのです』という内容でね。それを読んでいた時にＮＨＫからたまたまそういう話が来て、僕は飛びついたよ。ファンのために僕は出たんだ」

バッシングの的に

トップスターの長谷川一夫をキャスティングできたことで、他の大物たちも出やすい状況となります。滝沢修、宇野重吉、志村喬、市村竹之丞（五代目中村富十郎）、中村又五郎（二代目）、山田五十鈴、淡島千景、越路吹雪……『花の生涯』よりさらに豪華な、映画・演劇・歌舞伎界のトップクラスが顔を揃えます。まだ蔑視され続けていた当時のテレビ時代劇の位置づけとしては、考えられないことでした。それだけ、長谷川一夫の出演は大きなことだったのです。

しかも、ただ豪華にスターを集めただけではありません。『花の生涯』に続いて一人で全話を担当する井上博ディレクターは、大佛次郎が創作した架空のキャラクターで大石と並ぶ「もう一人の主人公」ともいえる浪人・堀田隼人の役に、長谷川の甥で当時は長谷川の付き人をしていた新人・林与一を抜擢したのです。これだけ豪華な面々の中で、新人をあえて大役に据えたのは、大きな挑戦でした。そして、林はその期待に応え、任を全うします。

この成功を受け、新人を大役に据えて人気スターに育てる――というスタンスは以降の大河ドラマ制作者に踏襲されていくことになります。

ただ、豪華キャストを集めたことは、マスコミやテレビ・映画業界内でのバッシングの的になってしまいます。

「受信料を湯水のように使っている」「札束番組」「ダンプカー番組」——そういった揶揄の言葉が並べたてられました。

この時の想いを、大原誠は次のように振り返っています。

「たしかに綺羅星のごとく役者を集めたけれど、それは局長の厳命だったからね。ただし金で釣ったとか裏金を渡したとかいう事実はまったくありません。

それから、放送評論家が『交通整理にもなっていない』ということを書いたんだよ。それには脚本の村上元三も怒ったし、演出の井上博もカンカンになっていた。そういう批評はあったけれども、やっぱり聴取者はテレビの前で映画のような時代劇を見られたという意識はあったと思います。それは聴取率に反映している。そんな新聞記事にダメージを受けるほどは、ＮＨＫはへこまなかったということですよ」（大原・談）

大原の言葉の通り、『赤穂浪士』は前作を上回る大ヒットを遂げました。高視聴率を記録し続け、終盤の一一月二九日の放送では五〇％を超えています。

芥川也寸志の作曲したテーマ曲は以降の「忠臣蔵」の象徴的な存在となり、長谷川一夫のセリフ「おのおの方」は流行語となります。

長澤の狙い通り、「国民的な」大衆娯楽として毎週日曜日の夜に視聴者を釘づけさせることに成功したのです。

＊平均視聴率三一・九パーセント、最高視聴率五三・〇パーセント

第二章 試行錯誤

大河ドラマ『太閤記』(1965年)
主役に抜擢された緒形拳はこのとき27歳。
以後、大河ドラマの看板俳優となる。
(写真提供:NHK)

『太閤記』（一九六五年）

ドキュメンタリーのエース

前二作の記録的大ヒットを受け、「大型娯楽時代劇」は「大河ドラマ」としてレギュラー枠に昇格することになりました。そして、第三作の制作が始まります。この頃になると、プロジェクトに疑問をもつ人も少なくなります。

ただ、さすがに同じチームが三年連続で「一年間の時代劇制作」という激務をこなすのは厳しい。特に、井上博は一人で二年間の全話を演出してきました。そこで、新たな演出家が立てられることになります。

吉田直哉。彼はドラマでも時代劇でもなく、ドキュメンタリーで名を馳せたディレクターでした。

一九五七年から六四年にかけて放送されたドキュメンタリー番組『日本の素顔』で吉田はテレビにおけるドキュメンタリー演出の草分け的存在となりました。しかし、六三年に突如として自ら志願してドラマ部へと移籍したのです。

「ドキュメンタリーでは決定的瞬間が撮れない」

それが、吉田がドキュメンタリーから離れた理由でした。たとえば飛行機事故があったとすると、その墜落の瞬間はディレクターには絶対に撮ることはできません。現実に起きる事象の大半は偶発的なため、ドキュメンタリーは、その事象を後追いして検証する以外の手段はありません。

「ところがドキュメンタリーを撮っていると、決定的瞬間をどうしても欲しくなる」

後に吉田は大原誠に、そう漏らしたといいます。「ヤラセをしてでもその瞬間を撮りたい」という誘惑に駆られるのだと。しかし、それをしたら、ドキュメンタリーとして終わります。それでも、誘惑に駆られる――のだと。

そして行き着いた考えが「ドラマはヤラセの究極だ」ということでした。ましてや時代劇は何百年も昔の出来事。「ヤラセ」つまり創作でなければできません。

こうして、ＮＨＫのドキュメンタリーのエースがドラマ部へやって来ることになります。

せっかく吉田が来たのだから、吉田に大河ドラマの演出をさせよう――。長澤局長の発想は今回も実にシンプルでした。

若手の抜擢

演出が吉田直哉に決まり、次は企画です。前二作の舞台が幕末と元禄だったので、次は戦国時代を扱おうということになりました。もちろん、ここでも長澤の要求は「国民的作家の原作」でした。そこで、吉川英治が豊臣秀吉の出世物語を描いた『新書太閤記』が選ばれます。

そして始まるのが、大河ドラマ第三作『太閤記』でした。吉田はドキュメンタリー出身の特性を活かし、前二作とは作り方を大きく変えています。

まずはキャスティング。

前二作は重鎮級のスターたちを主要キャストに配してきました。が、今回は秀吉に緒形拳、織田信長に高橋幸治、石田三成に石坂浩二……と、当時ほぼ無名の若手を大抜擢したのです。彼らは本作をキッカケに一躍スターになっていきます。

これには理由がありました。スターが数多く出ると、稽古の時間がとりにくくなります。前二作では、一週間につき月曜日の一日だけです。それも一日で二度ほどの稽古を演出家が付けたら終わりになります。

それに対して吉田は「僕はドラマのプロじゃないから、そんな少ない稽古ではできない。それならばスターではなく若い人でいきたい」と提案します。新人なら時間が十分に空いており、稽古の時間も存分にとれます。その上で本番を撮りたいという考え方でした。

これまで「豪華スターの出演」にこだわってきた長澤も、これを受け入れます。

「長澤局長としては二作が成功しているから、一作くらいコケてもいいやと思っていたんだよ」（大原誠・談）

それでは、具体的に誰を主役にするかという話になります。まずは主人公の「サル」こと藤吉郎＝秀吉役です。これは、演劇評論家の安藤鶴夫が吉田直哉に持ちかけてきました。

「新国劇にいいサルがいるよ」

その「サル」こそが緒形拳でした。当時の緒形は新国劇の看板役者・辰巳柳太郎の弟子として劇団に所属する一介の若手役者でした。緒形が東映の時代劇映画『間諜』の脇役として出演していると知った吉田は、デスク担当に指示して京都で緒形の写真を撮ってこさせます。そこに写る緒形の人懐《ひとなつ》っこい笑顔を見て、吉田は緒形の抜擢を決めたといいます。

信長役は、スタッフの一人として参加していた樋口昌弘の推薦でした。

「文学座の宮口精二の運転手にいいのがいる」

それが高橋幸治でした。吉田が会ってみたところ、背が高いし、目鼻立ちのクッキリしたシャープな顔をしている。信長のイメージにピッタリだったといいます。しかし、この段階で吉田は高橋の起用を決めかねていました。

吉田は高橋をＮＨＫの部長会議に連れていきます。

「吉田くん、彼を何の役に使うのか」と聞かれた吉田は、なんとなく「たとえば信長なんかはどうでしょう」と答えたといいます。するとそれを受けた高橋がすぐさま「よろしくお願いします！」と叫んだところ、その声は会議室のガラスが震えるほどの大音響。そこで吉田も引っ込みがつかなくなり、高橋を信長役に据えることになったのです。

このキャスティングは功を奏します。緒形は本作をキッカケに主役スターへの階段を上り始めました。そして、高橋の信長は大人気を博し、視聴者から「信長助命運動」が起きます。その結果、脚本が書き直され、「本能寺の変」の回の放送は先延ばしになった――という逸話もあります。

新幹線を走らせる

吉田は、キャスティングだけでなく演出にも新要素を持ち込んでいます。自身の出自でもあるドキュメンタリー手法を時代劇の演出に取り入れたのです。

『太閤記』第一話のファーストカットは、当時の視聴者、そしてドラマ関係者を驚愕させました。映し出された映像は、戦国時代ではなかったからです。

名古屋へ向かう新幹線――。それがまず最初に映し出されました。『太閤記』、つまり戦国時代の物語だと思ってチャンネルを合わせた視聴者は面食らいます。「番組を流し間違えているのではないか」という電話が何件もNHKにかかってきたほどです。

そのままカメラは名古屋駅で降り、秀吉が祀《まつ》られている故郷・中村にある豊國神社に向かいます。そしてカメラが藪へ入っていくと、その向こうに一人の男がたたずんでいる。男が振り返ると、それが藤吉郎、後の秀吉だった——。

これが、『太閤記』の第一話でした。現在の映像と思わせておいて、いつの間にか戦国時代に舞台が移り変わっている。当時としては、かなり斬新な演出でした。

この時の狙いを、吉田は自身の著書で後に次のように書いています。

「テレビの時代劇は、過去と現代との対話を一番のねらいにすべきだ」

「その世界に溶けこんで対象をメモしてこちらの世界に帰って来てから、その語り手になるという方法である。海外取材でいうと、フランス人になる努力をしてパリを撮り、日本に帰って来て、日本人の立場でそれを伝えるということになるであろう」

「茶の間でみるテレビでは、過去と現代とが対話しないようなかたちで時代劇をやっても無意味だと考えた私は、この手法を採用しようと考えた。過去にのめりこみ、過去の雰囲気にひたったままでは、過去と対話することはできない。かといって、現代人の立場にしがみついたままでも、良い対話はできないであろう。

だから、天文・永禄の人間になったつもりで、さまざまな出来事を記録し、それを現代に帰って来て構成し、放送するという姿勢をとるために旅立とうと考えた。

そして、その姿勢を何よりもまず、放送の冒頭に示さなければならないと思ったのである」（吉田直哉『私のなかのテレビ』より）

吉田が冒頭に新幹線を走らせたのは、「現代」から「藤吉郎の時代」への「旅立ち」を意味していました。そして、両者を直接的に同じ空間で結びつけることで、「秀吉たちの生きた過去の物語」を「今と切り離された別空間」として捉えるのではなく、「現代と繋がった空間」として描き、そのことにより「過去と現代との対話」を表現しようとしたのです。

過去の物語をただの娯楽として描くのではなく、ときに引いて現代の視点を挿入させる――。この「過去と現代との対話」という、吉田が持ち込んだドキュメンタリー出身ならではのジャーナリスティックな演出スタイルが、後の大河ドラマの基本姿勢の一つとなっていきます。

「過去と現代との対話」についての工夫は、ナレーションにも見られます。状況や心情を説明する際に用いられることの多いナレーションですが、吉田はそれだけに留めませんでした。たとえば秀吉が長浜城の城主になった際、「現代の会社組織で言うなら支店長クラスで、給料は……」といった、現代になぞらえたウンチク的な解説を入れています。秀吉たちを「過去の英雄」として扱うのではなく、「現代人と変わらない組織人」としたのです。

こうしたウンチクを入れていったことで、本作はただの娯楽作品ではなく、知識や教養を得る場として受け止められるようになります。中学の先生が「あの番組を見ろ。歴史の勉強になる」と生徒たちに勧めることもあったといい、「新書太閤記」ならぬ「教科書太閤記」と呼ばれることもありました。

「大型娯楽時代劇」として「娯楽性」を前面に打ち出してスタートした大河ドラマは、吉田直哉の手により現代性と歴史的教養を重視する「歴史ドラマ」へと変化していきます。

＊平均視聴率三一・二パーセント、最高視聴率三九・七パーセント

『源義経』（一九六六年）

神話への衝動

『太閤記』を撮影中の吉田直哉に、翌年の大河も担当するよう指示が出ました。当時の大河ドラマは、一年＝全五二話を一人で担わなければなりませんでした。それを二年も続け

るというのは、心身ともに苦しい作業です。しかも、ただ演出するだけでなく、企画の決定やキャスティングの役割も負っていました。そのため、前年の大河を撮影中に翌年の準備をしなければならないというのは無茶な話でした。前任の井上博も二年連続でしたが、彼はそれでもまだドラマ畑出身。ノウハウも、スタッフとのチームワークも醸成されています。一方、ドキュメンタリー出身でドラマに移って間もない吉田にとっては、大河を一年一人で担当するだけでも並大抵のことではありませんでした。

「もう無理です」

吉田は一度、断ります。しかし、この時、吉田は管理職の立場にあったため、結局は命令を聞くしかありませんでした。

その代わりに、『太閤記』の撮影中に準備を万全に整えてほしいと要求します。そこで、『花の生涯』『赤穂浪士』を担当した合川明がプロデューサーとして再登板することになりました。そして、吉田は『太閤記』の撮影に集中し、合川が次回作に向けて諸々の環境を準備していくことになります。

大河の企画はまず、どの時代を扱うかを考えます。ここまで幕末、元禄、戦国……と、一作ごとに時代を遡ってきました。そうなると、今度は鎌倉——ということになります。鎌倉時代となれば、大衆に大人気の源義経がいます。

源義経を主人公にしよう。合川の提案に、吉田も乗ります。

吉田はドキュメンタリー出身者ではありましたが、『太閤記』を撮りながら「神話的な英雄伝説」に強く惹かれる心情が生まれていたと、後に自著で振り返っています。


「洋の東西を問わず、人間には昔そのままの神話的、祭儀的英雄像を、歴史上の人物に重ねたいという衝動がある。だから秀吉がそうであったように、歴史上の英雄またはその伝記作者は、その母が体内に太陽が入る夢をみて彼を懐妊したとか、貴人の血を引くとかの説をつくりあげて神話の英雄像に近づけようとするのだろう。

その衝動が、歴史ドラマをつくるときにだけ、おこらないという保証はないのであって、たとえば源義経などという人物は、イメージ自体が歴史をこえて神話の英雄にまさしく重なっている」（前掲『私のなかのテレビ』より）

こうして、大河第四作は『源義経』となります。原作には『赤穂浪士』で脚本を担当して関係性の強かった村上元三の小説があり、村上が脚本も担当することになります。吉田と村上の狙いはただ一点、義経を通して「神話的英雄」のあり方を徹底して掘り下げることでした。

そのことは、キャスティングにも表れています。『太閤記』の時は、吉田はまだ色のついていない新人たちを抜擢していきました。

しかし、今回は違いました。義経には歌舞伎界の貴公子的な存在だった尾上菊之助（現・七代目尾上菊五郎）、相手役の静御前には東映任侠映画で人気を博する映画スター・藤純子（現・富司純子）、兄の頼朝には文学座の重鎮・芥川比呂志がそれぞれ起用されました。いずれも実績十分の面々です。スターたちを起用することで、そのカリスマ性をもって「神話的英雄」として義経の物語を描く。それが吉田の狙いでした。

さらに吉田は『太閤記』を通して、歴史の世界に現代性を持ち込むことへの限界を感じ、様式の世界の魅力を再認識してもいたのです。

「すでに一年間、五十二本の〈時代劇〉をつくった私は、前年あれほど拒否した〈様式〉を、もう拒否するどころか進んで学ぼう、その効用を盗もう、という心境になっていたのである。

というのは、様式を排除し、歴史を進行形でたどるようなつもりでドラマをつくると、どうしても俳優の〈地〉とか〈持ち味〉を前面に出してしまう場合が多くなる。約束事や型で芝居をしないということになると、役としての史上の人物より、生地としての何某が出てしまうという矛盾に悩んだからである。

これでは、下手をすると俳優を〈消耗品〉にすることになりかねない。それに対して伝統的な歌舞伎の様式や型は、実は、役者の〈地〉が出るのを防ぎ、結局いかにしてその役者の魅力を長持ちさせるかの工夫から出た産物ではないか、と考えはじめていた。

だから、『源義経』では伝統的な様式や型について、実に多くのことを学んだのである」

（前掲『私のなかのテレビ』より）


その一方、弁慶役だけは異なる発想でキャスティングされています。

村上元三は歌舞伎界の大物・市村竹之丞を推薦します。一方、合川が考えていたのは三國連太郎でした。しかし、吉田直哉は弁慶役に緒形拳を推します。今まさに主人公の秀吉を演じている男を二年連続で使おうというのです。その狙いを、吉田は大原誠に次のように語ったとのこと。

「せっかく抜擢した若手を一年で放り出すことはできない。あいつを二年連続で使って、スターにしたい。しかも同じ役者が秀吉をやった次の年に弁慶をやることで『これはフィクションである』と、視聴者に明確に伝えられる」

「教科書太閤記」として「教養番組」のように大河ドラマが視聴者から受け止められるよ

うになってきたことに、吉田は危惧していました。これはあくまで「究極のヤラセ」。「史実そのもの」だと勘違いさせてはならない。そこで、緒形拳を今度は弁慶に配することで、「大河ドラマは俳優が役を演じるフィクションだ」と視聴者に改めて認識してもらおうとしたのです。

ただ、本作は前二作に比べて視聴率的に苦戦、評判もたいして大きくはなりませんでした。様式、悲壮美、神話的英雄譚……そうした過去の時代劇の手法をなぞっていては、大河は難しい。大河には大河なりの方法論が必要……そのことを改めて思い知らされる結果となったのです。

＊平均視聴率二三・五パーセント、最高視聴率三二・五パーセント

『三姉妹』（一九六七年）

明治百年

「明治百年」を迎える一九六八年、巷ではさまざまな式典が執り行われることになりました。ＮＨＫもそれに合わせて、六七年と六八年の大河ドラマを幕末・明治モノを軸に企画する方針になっています。

六七年の大河を担当することになった裕光臣プロデューサーは、『赤穂浪士』で原作を使ったことで繋がりのできていた大佛次郎に書き下ろし原作を依頼します。

大佛は旗本の三姉妹とそこに絡む青江金五郎という若者、この四人の架空の人物たちの視線から明治維新の激動期を描こうと設定します。近現代を舞台にするのも、原作が書き下ろしなのも、主要人物が架空なのも、主人公が女性なのも、全てこれまでの大河ドラマで初の試みでした。

この書き下ろし原作をもとに、東映で内田吐夢《とむ》監督の映画『宮本武蔵』『飢餓海峡』を書いていた気鋭の脚本家・鈴木尚之が脚色する——それが当初の計画でした。

演出補として参加していた松尾武は、この時の大佛の狙いを次のように解説します。

「『週刊朝日』で大佛次郎先生に原作を書いていただく。その連載を放送一年前から始めて、連載を追いながら、鈴木尚之さんが脚本化していくという計画でした。新聞社とタイアップして番組を制作するという最初の作品です。企画としては大変に面白かったし、我々も鎌倉に行って大佛先生と打ち合わせをして、これは意欲作だなと思いました。

大佛先生は『女性の目を通した明治維新を描きたい。男性のものはたくさんあるけど、女性がその中でどう生きてきたのかをきちっと描いていきたい』とおっしゃっています。

庶民史を踏まえて女性の視点から明治維新を描く……という狙いでした」（松尾・談）

演出に起用されたのは清水満。後に『天と地と』『新・平家物語』を始め数多くの大河ドラマを担当することになる清水ですが、この当時は青春ドラマ『若い季節』などの現代劇を多く担当してきていたものの、時代劇は今回が初めてでした。

「新しい世の中に向かってどういう希望を持ち、動いていったかという群像劇を目指しました。それでも、主人公は旗本の三姉妹ですから、滅びゆく側なんです。それぞれの人たちがその時代の中でどう翻弄されていくかというのを描こうとしました。旗本の父親の言うとおりに結婚した長女、会津の人と結婚した次女、それから若いアウトローと結ばれた三女。それぞれに時代の中で翻弄されるような男と結婚したこの三姉妹が、どういう運命をたどっていくか。それを通して明治維新を描く。

新しい時代になってきっといい世の中になるだろう――と思っていたら、明治になった時に――要するに期待外れで――そこで、さらに翻弄されていく。幕末から明治維新にかけて、旗本の一家がいかに翻弄され、時代と共に生きてきたか。それが『三姉妹』の根幹でした」（清水・談）

新しい時代に向けて翻弄されていく人々の群像劇を描く上で清水が重視したのが、歴史の表舞台に名前の出ることのないアウトローたちでした。たとえば滝沢修が演じる「風の新兵衛」に代表される山の民、たとえば吉原の花魁《おいらん》。そうした人々が主人公の金五郎の行動を支えていくという形で、時代が動くダイナミズムを表現しようとします。

そして、「激動する時代」というテーマを象徴するべく、清水は冒頭のタイトルバックの映像にも趣向を凝らしています。

「『三姉妹』のタイトルバックは『渦』なんです。イメージとして、いわゆる動乱というか、そういう世の中の新しい蠢《うごめ》きを感じさせるようなものを作りたいという思いがあった。そうなると水か雲か、そういう自然現象だと。その中で渦を選びました。瀬戸内海にも行って本物を撮ってきたのですが、どうしてもいい感じの渦ができないんですよ」（清水・談）

そこで清水が用いたのがスローモーションでした。当時、一〇〇〇倍のスローモーションになるカメラが開発されていました。これを使って速い水の流れを撮影すれば効果的に映るのではないかと考えたのです。

清水はスタッフたちと奥多摩の渓流へ行きます。岩に川の水がぶつかると、その周りで水が回る。そこをスローモーションのカメラでクローズアップにして撮ろうとしたのです。映し出されたのは、肉眼では捉えることのできなかった、岩の下から様々な形で湧き上がってくる水の様でした。清水はその光景に明治の動乱の蠢きを感じたといいます。タイトルバックで映し出されるのは、この渦のワンカットのみ。斬新な演出でした。

山崎努の抜擢

三姉妹の長女役に岡田茉莉子、次女役に藤村志保と、いずれも映画スターが起用されました。その一方で、三女役は当時まだ俳優座の新人だった栗原小巻と、その恋人で実質的な主人公である青江金五郎役には黒澤明監督の映画『天国と地獄』『赤ひげ』で鮮烈な印象を残した若手・山崎努が抜擢されます。

「山崎努は、劇団のマネージャーに紹介してもらったんですよ。誰か主人公で新しい人はいないかって。五、六人はお会いしたかな。その中でやっぱり、『天国と地獄』を見たこともあるけれども、彼の目とか風貌が本当に若々しくてね。いわゆる二枚目ではない。会っていろんな話をして、すごく前向きに捉えてくれたんで、ぜひということで。

僕らも彼がどういう芝居をやるかっていうのももちろん分からないし、お互いにすごく手探りでやっていた。

彼の魅力はリアリティのある芝居。変に芝居芝居しない、むしろとても自然に、言ってみれば現代劇の感じで。僕らも、『あまり時代劇っぽくしないで、むしろ自由に動いてくれよ』と指示を出していました。僕も時代劇はやったことがなかったから、現代劇をやるつもりだったんです」（清水・談）

清水には、時代劇に不慣れな山崎に現代劇的な芝居をさせても成り立つ——という勝算がありました。というのも、脇を支えるのは志村喬、滝沢修といった大ベテランたち。彼らの出る場面は放っておいても時代劇っぽい雰囲気を出すことになるから、作品の世界が現代的な雰囲気に逸《そ》れ過ぎないだろうという計算があったのです。そのため、山崎や栗原の出ている場面では現代劇的な芝居を重視して、躍動感ある群像劇として描写していきます。

「やっぱり変に時代劇のカラーがついてないほうがいいなっていうことがあったんです。

映画出身の役者だと、時代劇っぽい所作にこだわり過ぎちゃう。時代劇に慣れた役者は、たとえば身のこなし方でも時代劇の芝居の形ができているじゃないですか、刀の差し方とか。もちろんそういう作法もある程度は必要なんだけど、それに変にこだわっちゃうと、動きが取れなくなるんです。そうすると幕末の躍動感が出ない気がしました。ですから、動きもあまり時代劇っぽくやらなくてもいいよと山崎努には言っていました。

それからセリフも、鈴木尚之さんの脚本は時代劇っぽく書いてないんですよ。ですから、それに合わせて非常にリアルな、しゃべり方としてはまさに現代のしゃべり方に近い形でやっていました。明治維新はそれぞれに型を破っていく時代ですから、それでいいと思いました」（清水・談）

演出補の松尾もまた、当時の現場の様子を次のように語っています。

「栗原小巻も俳優座の養成所出たばっかりですからね。所作も何も分かんない。我々自身も分からない点が多い。ＮＨＫ入って五年目で。そりゃ時代劇は好きで映画もよく見てきたけれど、いざとなれば分からないことは多いんです。そういういろんなことがあって、当時の維新の生活、江戸末期の生活を表現すること自体が大変に難しいと思った。

それで、所作指導を花柳壽楽《はなやぎじゅらく》先生にお願いしました。そうして立ち居振る舞いの勉強を始めたんです。ふすま一つ開けるのでも、障子一つ開けるのでも、廊下歩くのでも、ちょっと腰かがめるのでも。時代の動きを理解した上で、それをまた崩していく」（松尾・談）

書き上がらない原作

しかし、本作の撮影現場はたえず混乱していました。大佛次郎の書き下ろし原作を映像化する――という制作プランが、早い段階で頓挫してしまったのです。

「大佛さんが原作を書いて、それを脚色することになっていました。ところが、なかなかその原作が上がらなくて、ついにクランクインになっちゃった。原作のとりあえずの骨格はあるけれども、シナリオライター自身の手で話を展開していくしかないわけです。それで、七話か八話ぐらいで、大佛さんがお手上げになり、骨格すらなくなったのです」（清水・談）

　脚本の鈴木尚之は当初、大佛の原作の骨格に基づいて執筆を進めていました。ところが途中からは、鈴木が原作にない登場人物を書くと、大佛が慌ててそれを原作に登場させる……という形で、原作が鈴木の脚本を後追いするようになっていきます。

そして、ついに大佛のほうから鈴木にこう持ちかけてきたといいます。

「もう原作は間に合わない。ここからはあなたのオリジナルで書いてくれ」

といっても、今回は架空の人物たちです。歴史上の人物ではないので、その全ての行動を自分たちでゼロから創るしかありません。鈴木と演出陣はたえず打ち合わせを重ねながら、架空の人間たちをどうやって維新の中で動かしていくかという展開を考えていくことになりました。

当時の混沌を、松尾は次のように振り返ります。

「原作が滞っているから、演出陣自身で考えなきゃいかんのです。主人公の青江金五郎というのは架空の人物で、それがいろんな有名な事件に絡む。たとえば寺田屋事件に関与してくる時に、どのスタンスで関わらせたらいいのかが、分からなかったんです。

この青江金五郎は、歴史の事実に則って動いていく。そのため、実際の事件に必ず関与していくわけです。だからこそ、金五郎を通して維新全体が描けるんだ——というのが大佛さんの考えでしたから。それだけに、事件ごとにどの役割をどう担うのかというのが問題になりました。事件のたびに役割を変えていったら、青江金五郎はおかしな人物になってしまいます。そこを大佛さんはどう考えていらっしゃるか、我々も最初から分かりませ

んでした」（松尾・談）

演出陣や鈴木尚之は大きな疑問を抱えたまま、オリジナルの創作作業に突入することになりました。大変なのは鈴木です。当初はプロデューサーから「大佛さんの原作があるから大丈夫です」と安心させて招き入れていたのです。ところが蓋を開けたら話が違う。鈴木とプロデューサーは険悪な雰囲気になっていきました。その一方で清水や松尾ら演出陣とは共に議論しながら難題に当たっていたことで、同志的な意識も芽生えていました。そのため鈴木は、「演出スタッフが来れば僕は原稿を渡す。でも、プロデューサーが自分の役割をこなすためだけの目的で来たなら、僕は渡さない」と言うまでになります。

近代戦闘の撮影

脚本作りだけでなく、撮影もまた苦労の連続でした。

幕末から明治にかけては江戸時代や戦国時代と異なり、銃火器などの近代兵器を使った戦闘が繰り広げられます。しかし、当時のテレビカメラではロケーション撮影ができませんでした。そのため、戦闘シーンをスタジオ内で撮るしかなかった。しかも、そのためのスタジオは一つしかありません。

「禁門の変だとか下関砲撃事件とかね、全てスタジオで撮ったんです。ですから、そんな大きなセットは組めない。その中で工夫しました。

スタジオ内を屋外に見せるテクニックはあります。外だから空気が動かないとダメです。空気を感じさせるためには、煙が必要なんです。空気が動いているように見せるには、スモークを使って空気の存在を視聴者に見せる必要があるわけです。それは霧である場合もあれば、埃である場合もあります。扇風機を当てて風を起こすこともありました。そうやって空気を感じさせるようにしました」（清水・談）

こうした清水の負担を少しでも減らすべく、演出補の松尾も演出の一部を任されることになります。

「チャンバラシーンを清水さんは演出補に任せたのです。そこまで一人でやっていたら、清水さんも死んじゃいますよ。だから、清水さんは、メインの芝居はつけるけど、細かいディテールは『演出補が演出しろ』って話になるわけです。そうすると、こちらは『はい、分かりました』って。それで僕がこの日に撮るのはこのシーンとこのシーンって決めていくんです。『この週はこのシーン撮ります』って言えば、決まりました。特にチャンバラがあると、『演出補の担当』と言われてね、みんなそれぞれ凝るわけです。それが面白くて、『演出・清水満』という名前を利用しながら、自分で五分なり一〇分なりのシーンを撮りました。それはすごく勉強になりましたね」（松尾・談）

松尾は青江金五郎の主観ショットで殺陣《たて》を撮ろうとしました。カメラのレンズを金五郎の目に見立て、その視界をそのまま映し出すことで、臨場感ある迫力を表現しようとしたのです。

今であれば手持ちカメラを使えば簡単に撮れる映像ですが、当時はまだカメラは大きく、手持ちでの撮影は困難でした。そこで松尾が考えたのが、大きなカメラに神輿《みこし》のように台座をつけ、それを二人のカメラマンが担ぎ、そこに相手役を斬りかからせることです。これにより、三六〇度、金五郎の主観からの敵の動きを映すことができたといいます。

大変なのはカメラマンです。ただカメラで撮るだけではなく、カメラを載せた神輿を担いだまま斬りかかる相手をかわし、また次に斬りかかってくる相手にカメラを向けなければならない。そのため、殺陣の段取りを理解した上で動き回る必要がありました。相手役の剣をよける際のスピードが遅いと、松尾は「おい、もうちょっとスピード上げてよけられないのか」と注文をつけます。するとカメラマンからは「それ以上スピード出して動いたら、カメラ壊れちゃう！」「ひっくり返ったらどうするんですか！」と返ってくる。そう言われては、松尾も言い返せません。カメラは当時から高価だったからです。それでも、こうした撮影ができたのはまだモノクロの時代だったからだといいます。カラーのカメラとなるともっと重くなるため、担いで動き回ることは不可能になりました。

一人ディレクター制の限界

こうした混沌とした状況下で、清水は全話の演出を一年間一人で担当、最後までやり切りました。ところが、そのことがまた問題になってしまったのです。

「今でも語り草で言われてるんだけど、一週のうち二日間を収録に使うわけです。で、稽古が一日。すると三日取られますよね。だからロケは一切やらない、全部スタジオでということを大前提にします。しかも編集にまた時間がかかった。全部テープを手で切って貼り合わせていく作業ですから、四五分のものを編集するのに丸二日かかるわけです。それと音楽を入れる作業もある。それにコンテを書くという、いわゆるカット割にどうしても一日は要るわけです。すると、それで完全に一週間もう詰まっちゃう。まったく休みがあ

りませんでした」（清水・談）

清水は「カット割を考えるのは自宅の方が効率がいい」と考えて、有給休暇を使って週に一度、休日を作り、その日に家でコンテを書いていました。ところが、それを毎週続けたために使える有休を全て使ってしまったのです。一人で一年を演出し終えた清水は、翌年の一月四日に今度は本当の休養のため会社を休みます。これが欠勤扱いになってしまいました。

「一体どういうことなんだ！」と人事に問い合わせたところ、「あなたの休暇は全部もう使い果たされています」という答えが返ってきます。

清水からすると、その有給休暇は家にいたとしても仕事をするために使ったので、「時間外労働」という意識がありました。しかし、その時間は退勤扱いのためカウントはされなかったのです。

このことが組合で問題になります。一人のディレクターが一年間、一日も休みなく、しかも休暇を使って働いて、しかも時間外労働は途中でカットされる。今でいう「ブラック労働」そのものです。

「大河ドラマを一人の演出家に任せるのは問題ではないか」という議論が労使間で浮かび

あがることになりました。

「やっぱり人間のやる仕事としては限界です。でも、人間って面白いもので、撮っている間は悩まなかった。その次をこなすことにとにかく精一杯。だから、悩んでなんかいられない、止まってなんかいられない。とにかく撮ることが大前提ですからね。

当時、僕はタバコを一日に四箱ぐらい吸ってたんです。チェーンスモーカーで。ところが『三姉妹』を任された時に、タバコを全部やめたんです。一本もタバコを吸わなかった。それぐらい自分の健康を考えていました。倒れたらどうしようもないですから。

よくぞそんな仕事をやらせましたよね、終わったら体はボロボロです。でも、そのすぐ次、またすぐ連続ドラマをやってましたから、休息期間はない。僕みたいな若造が大河ドラマのディレクターに抜擢されるぐらい、当時はドラマ部に人がいなかったわけだから。もうエンドレスで仕事でした。燃え尽き症候群とか言ってる暇はない。もうただひたすら走り続けていました」（清水・談）

一人の人間の思いつきで始まった「大河ドラマ」という大プロジェクト。作り手たちの奮闘でここまでなんとか続けることはできました。が、整備されない制作体制での継続は限界を迎えようとしていました。

＊平均視聴率一九・一パーセント、最高視聴率二七・〇パーセント

『竜馬がゆく』（一九六八年）

演出家の交代

『三姉妹』の視聴率は伸び悩み、初めて平均が二〇パーセントを割ります。これは「国民的番組枠」を至上命題とする大河ドラマにとって、不満の残る数字でした。

そこで「明治百年」を記念する作品をもう一本作る必要があると考え、再び幕末がテーマに選ばれることになります。『三姉妹』の制作を困難にした理由としては、主人公が「架空」であること、主人公が「複数」であること、そして「原作が書き下ろし」であることが挙げられました。そのため今度は、主人公が「実在」「単独」の「ベストセラー原作」で――という原点回帰が図られます。

そこで選ばれたのは、司馬遼太郎のベストセラー『竜馬がゆく』でした。今度は坂本龍馬の生涯を追うという形で一本の筋を通そうとしたのです。龍馬役には東映を離れてフリーの立場にあった、当時若手のスター候補だった北大路欣也が選ばれます。

脚本は、成瀬巳喜男や今井正といった巨匠の映画監督たちと多くの名作映画を書いてきた水木洋子が担当することになります。演出はNHK大阪（BK）出身の辻元一郎です。山崎豊子原作の『横堀川』をドラマ化して大ヒットさせていた実績を買われての起用でした。

ただ、この脚本―演出のコンビが上手くいきませんでした。

BKでは作家や脚本家との交渉、配役など全て、撮影現場以外のプロデューサーが担当する役割分担が確立されていたため、辻元は現場での演出に集中していました。大河であってもそのスタンスは変えないまま臨み、今回も脚本家と一度の打ち合わせしかしていない段階で撮影に入ってしまいます。

水木はこれまでの経験から、四五分で収まると想定して毎回の脚本を書いたつもりでいました。ところが、辻元は間や情感を大切にする演出家だったため、どうしても芝居が長くなってしまうのです。そのため、撮り終えての総時間が、四五分という放送枠からオーバーするという事態が毎回のように生じてしまいました。結果として、オーバーした分は編集でシーンをカットしていくことになります。それでは必要なはずのシーンも削られてしまうため、水木の脚本が狙った通りのドラマにはなりません。

辻元からすると「水木の脚本はいつも時間をオーバーする枚数を書いてくる」。水木からすると「辻元の演出は時間内に収められない」……となってしまいます。事前にすり合わせがなかったため、起きてしまった問題でした。こうして両者の間で、険悪な空気が流れていきます。本来ならここはプロデューサーが調整しなければならないのですが、――このエピソードを語ってくれた大原誠（本作には不参加）によると――ほとんど放置したままだったということです。

そして、ＮＨＫは一つの決断を下します。水木洋子を取って、辻元を切ることにしたのです。さすがに、大脚本家である水木を降ろすわけにはいきません。ＮＨＫ局員であれば、後でいくらでもフォローできます。そうした判断に基づくものでした。

そして、代わりに投入された演出家が和田勉でした。

和田勉は五九年の『日本の日蝕』などのテレビドラマで、極端なクローズアップをスピーディに重ねていく演出により、草創期のテレビドラマの演出論を確立していました。和田勉の最大の特徴は、情感を廃したスピーディな演出です。その速さを買われたのです。彼なら確実に放送枠に時間を収めることができる、と。

最初の撮影時、和田は出演者たちを集めて、こう言い放ちます。

「今まで辻元がやってきた二倍のスピードでセリフを言ってくれ」

この和田演出により必ず時間内に収まるようにはなります。ただ、面食らったのは視聴者です。それまでは情感を大切にしたスローテンポの作品だったのが、ある週を境にいきなりアップテンポになったのです。世界観としては、バラバラです。
視聴率は『三姉妹』からさらに下落、平均は一五パーセントを割りました。
＊平均視聴率一四・五パーセント、最高視聴率二二・九パーセント

この時期の大河ドラマは演出手法も制作体制も、様々な試行錯誤が繰り広げられています。しかし、なかなか「正解」たるものを見出せないでいました。そうこうしているうちに、視聴率の不振と制作体制の問題が二年続けて巻き起こりました。

こうした流れを受けて、「大河ドラマ不要論」がＮＨＫの中で生じるようになります。

第三章　制作体制の確立

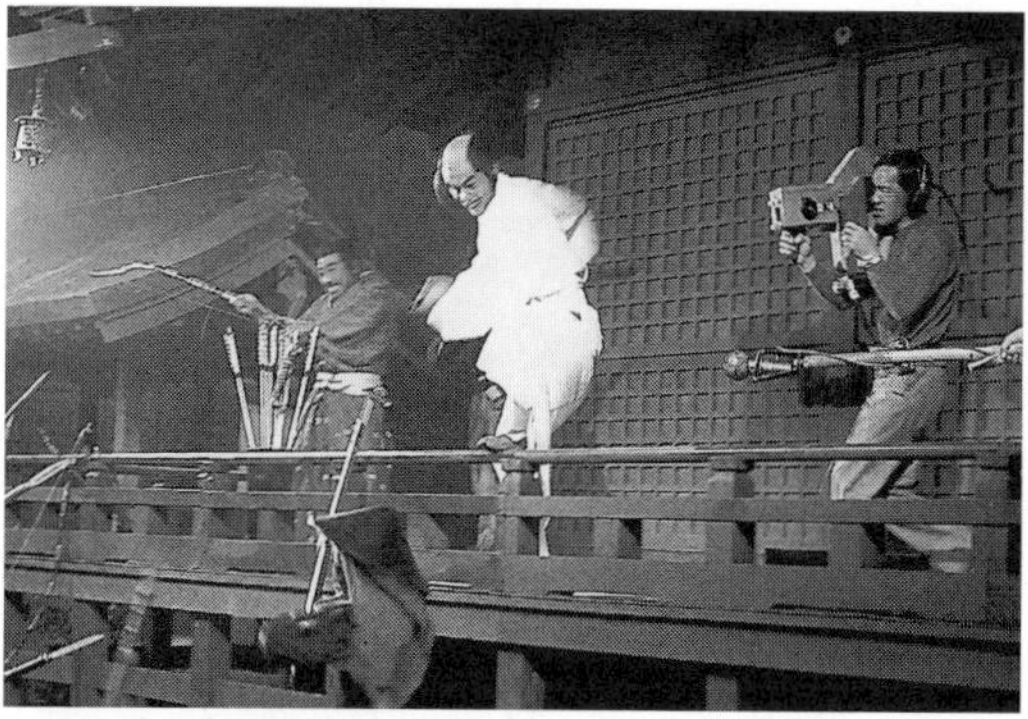

大河ドラマ『国盗り物語』（1973年）
「本能寺の変」のシーンでは、本作ではじめて導入された
ハンディカメラが、信長を演じる高橋英樹を真うしろからとらえた。
（写真提供：NHK）

『天と地と』（一九六九年）

大河ドラマ終息論

大河ドラマには逆風が吹いていました。

初期三作の大ヒットがあったとはいえ、元はといえば無謀な思いつきによるプロジェクトです。現場スタッフを含め、負担は大きい。しかも、直近の幕末二作はトラブル続きの上に視聴率的にも振るいませんでした。その結果、「大河ドラマはもう役目を果たした」という意見がＮＨＫ内で強くなっていったのです。

そして、「最後にカラーで撮って大河を終わらせよう」ということになりました。テレビのカラー放送は一九六〇年に始まっていましたが、大河はまだ白黒での放送のままだったのです。

では、大河の最後をどんな題材で飾るのか。これまでのような歴史劇ではない題材でやってみようという案もあったといいます。たとえば『嵐が丘』を日本のどこかの時代に置き換えよう。シェイクスピアを中世に置き換えよう。あるいは北杜夫の『楡家の人びと』で思い切って現代劇に……。ただ、果たしてそれで上手くいくのか——というところで、いずれの企画にも制作陣は危険を感じ、却下されていきます。

そこで浮上してきたのが、戦国時代でした。戦国時代ならば、色とりどりの甲冑《かっちゅう》をいくつも登場させてカラーならではの特性を活かせるからです。

そして、担当する禅野圭司プロデューサーが原作に選んだのが、海音寺潮五郎による『天と地と』でした。幼少期から川中島の合戦までの、越後の大名・長尾景虎（上杉謙信）の半生を描いた歴史小説です。

『天と地と』では、ここ数作の失敗を踏まえて新しい施策がとられています。それが、複数演出・複数脚本家のシステムでした。ここまで全ての大河ドラマは単独演出・単独脚本家で進められてきました。しかし、『三姉妹』での労働時間の問題や『竜馬がゆく』の演出家交代を受け、その負担を一人に負わせるのは酷だということになったのです。

そのため、本作では三人の演出家で分担されることになります。脚本も同様です。『三姉妹』で進行に支障をきたしそうになったり、『竜馬』で演出家と確執が生まれたりといったことが起きたので、リスクを分散することにしたのです。

演出陣に参加したのは、『三姉妹』で激務をやり通した清水満、清水と共に人気ドラマ『若い季節』を担当した岡崎栄、金曜時代劇『文五捕物絵図』（後述）にも参加して時代劇演出に定評のある安江泰雅。いずれもドラマ部で一枚看板を張る、ほぼ同格のディレクターたちでした。脚本家も個人の負担軽減とリスク回避が図られて、中井多津夫、杉山義法、須藤出穂という三名が参加します。

全五二話の流れと構成は禅野プロデューサー、岡崎、清水の三名で予め作ることになりました。大きな物語展開はもちろん、各話の中で「この回で何を描くか」まで詳細に詰められていきます。

というのも、複数の脚本家に執筆を依頼することになるため、一人目の脚本家が担当するパートの執筆が終わった時点で次の脚本家に「では、ここからお願いします」と頼んでいたのでは撮影に間に合わなくなるからです。そのため、演出側で予め全体の骨格を固めておいて「あなたは景虎の親子の部分を書いてください」「このエピソードはあと四話ぐらい続けて書いてください」、「あなたは武田信玄の親子の確執を書いてください」と最初の段階で割り振り、三名にそれぞれ同時進行で書いてもらうことになりました。

「それでも、作家も演出も違いますから、中身はけっこうバラツキがあったんじゃないですかね。みんな合わせるっていうことを考えないんですよ。彼がこうやったから、こっちはこうだとかって。

それでもね、役者は変わんないわけだから——極端なこと言えば——どう撮ろうがあまり変わらないと思っていました。ストーリーがきちんとしていて、脚本がちゃんとできてれば、多少演出のトーンが違おうが、そのへんはあんまり細かいことは言わなくていいんじゃないかと。たまたま集まった三人の演出家の質がそう変わらなかったと思うんですよ。だから、合わせるということにあまり神経を使わなかったです」(清水・談)

NHKには、シリーズに参加するスタッフたち全員で各話ごとに最終チェックの試写をする「オーディション」というシステムがありました。このオーディションの際にディレクターたちは容赦なく意見をぶつけ合うことがあり、『天と地と』でもそうだったといいます。ここでディレクターたちの中に競争意識が生まれ、作品の充実に繋がっていきました。

「オーディションルームでけなし合いをやっていました。もちろん褒めるところは褒めるんだけど。徹底的に『あれじゃつまんねえんだよな』みたいなことを平気でみんなで言い合ったんです。そうなると言われる側も『何がつまんねえんだよ?』みたいな話になるでしょう。だから、どうやったら面白く見せられるかってせめぎ合いがあり、結果としていい方向に行きました」(岡崎・談)

紙芝居的な面白さ

本作は、上杉謙信と甲斐の大名・武田信玄、二人のライバルの物語が並行して進み、やがて両雄が川中島で決戦に及ぶ——という展開になっています。両者はそれぞれ親子の問題や女性関係の問題を抱えている。原作を読んでそこが最も面白いポイントだと考えた清水は、こうした個人の抱えるトラブルを強調して「ストーリー展開を面白くする」ことを第一に考えていきました。そのため、時代背景や上杉謙信が毘沙門天《びしゃもんてん》を信仰するに至る宗教的な葛藤など複雑な問題は極力排除、「青年将校のような男が先頭に立って突進していく」という人物造形を目指したといいます。

「極端なことを言えば、紙芝居的な面白さを狙おうじゃないかと思いました。やっぱり大河ドラマは面白くなきゃダメじゃないですか。理屈じゃないんですよ」（清水・談）

これが初めての歴史ものの演出となる岡崎も、清水と目指すところは同じでした。

「初めてやる時代劇として『天と地と』はよかったと思います。戦国時代は江戸時代などと違って時代劇の定型の文法に乗っかる必要がないんだから、どうしたら面白く見せられるか、それだけを考えていました。他の時代と違って、けっこう嘘をつけるわけですよ。嘘でもいいから——言葉はよくないけど——でっち上げでも面白い話を作っちゃえ……そういうことをやっているんですよ。

何より、そもそもの海音寺潮五郎さんの原作がすごく太っ腹でしたからね。女の武将が出てくるというような。原作がそうだから、こちらももっと自由にやってしまおうということです。大体、史実通りに行けば、謙信と信玄の大将同士が川中島で斬り合いするなんてことは絶対にありえないわけだから。

ただ、いわゆる合戦の作戦的なものは、当時も緻密に計算していたと思うんです。そこだけは正確に、残されてる史実に乗っかってやりました。ただ、全体としては一つひとつのエピソードは、とにかく面白く見せられればいいという。ですから『天と地と』の場合は難しいことをあまり考えませんでした」(岡崎・談)

カラー演出

初めてのカラーでの大河ドラマなだけに、演出陣は当初、カラーならではの魅力を引き出すことに苦心しています。

たとえば江戸時代であれば豪華な襖絵《ふすまえ》や衣装などで煌《きら》びやかなカラーを表現することが

できます。ところが、戦国時代、ましてや中央の文化から離れた越後や甲斐が舞台となると、そうはいきません。地味な色の板壁ばかりが背景に映し出されることになります。

そこで、美術デザイナーの小林喬が岡崎にある提案をします。

「黒い背景を逆手にとればいい。カメラの手前側にいる人物が豪華な衣装を着ていると、背景の壁が黒いだけにかえって鮮やかに浮かび上がってくるんじゃないかな」

実際に豪華な衣装を着た人間が黒い板壁の前に立つと、その存在感は鮮やかに際立ちます。謙信の母親役で出演していた新珠三千代も「私、こんなにきれいに映っちゃうの？」と大いに喜んだといいます。

「それまでは、物語の中で人物の存在感を作り上げていくという考え方でした。でも、『天と地と』ではそれに加えて、カラーという物理的な環境の中で『映像として人物が浮かび上がる』ということを徹底的に押していったんです」（岡崎・談）

ただ、当時はカメラの感度も悪く、しかも初めてのカラー。そのため、色をミスなく出すために照明で苦労することになりました。

「照明はかなりきつかったですよね。機材の前にガラス板を挟んだりして、できるだけ温度を下げるようにと技術担当も一生懸命やってくれました。昔の照明って、たとえば台所にあるフライパンに、『じゃあ、フライパン持って』って触った瞬間に、『あちちちっ！』みたいになる。照明に当たったせいでみんな日焼けしちゃったりしてね。そういう時代だった」（岡崎・談）

もう一つ難題がありました。当時はまだ手持ちのテレビカメラは開発されていませんでした。そのため、ロケ撮影の際はカメラを外に持ち出すことができず、そこだけフィルムで撮るしかありませんでした。ビデオとフィルムではそれぞれに画像の解像度や質感が異なります。それでも白黒であればなんとかごまかしもできましたが、カラーとなるとその相違はハッキリと浮かび上がってきます。

いかにしてそれを埋めるかも重要な問題でした。

「フィルムはどうしても解像度がビデオには負けます。それがいいわけだけれども、両方使うとなると、明らかにここはフィルムだなってのが分かっちゃうわけですよ。ですから、現像のときにちょっと硬めに焼いてもらうとか、ごまかしで煙を使ったりしました。スタジオのほうは照明を粗めにして、あまりきれいに撮らないようにしました。きれいに、きちっとしたのを撮らない。それでフィルムとの差が出ないようにしました」（清水・談）

タイトルバックの映像は岡崎が担当、「白馬に乗った謙信が草原を走る姿」をタイトルバックにと考えます。

岡崎の狙いは、草原にスモークを焚《た》き、その煙の向こうから謙信の勇姿が現れる……という映像でした。ところが、撮影テストの段階ではなかなかスモークが思うように広がりません。

そこで、多くのスタッフを動員して周囲の湿地帯までスモークを撒《ま》いたところ、ようやく煙が辺りに上手い具合に広がるようになります。ところが、そのままカメラを回したのでは、スモークを撒いていたスタッフたちが映り込んでしまう。そこでスタッフたちと共にスモークを撒いていた清水満ディレクターが「全員とにかく湿地帯の中に潜れ！」と、水に浸かるよう指示して回ったといいます。文字どおり、身体を張った撮影でした。

このタイトルバックに代表されるように、本作では戦国の躍動感を出すため、これまでの大河にも増してロケーション撮影を増やしています。

「合戦シーンはできるだけ外で撮ることにしました。馬が走ったりするのが、時代劇ならではの解放感だから。今では手近なところでそういう撮影ができる場所がどんどん少なくなってきてるんだけれど、たとえば鶴川近辺とかにも昔は杉林があって、ちゃんとした野良道やため池がけっこうあったんです。ですから、渋谷のＮＨＫから小一時間も行けば、そんな里山風の撮影ができたんです」（岡崎・談）

子役の大人気

主人公の上杉謙信役には、『太閤記』で石田三成役に抜擢されて一躍人気者になった石坂浩二。対する武田信玄役には同じく『太閤記』の織田信長役の大抜擢で注目を集めた高橋幸治。共に「ＮＨＫ育ち」とも言える二人が両主人公を演じた他、謙信の養育係にして軍師の宇佐美定行に宇野重吉、謙信の父親の長尾為景役に滝沢修……という劇団民藝の両重鎮が脇を固めるなど、「最後の大河ドラマ」にふさわしい、これまでの大河ドラマに功績のあった面々が顔を連ねています。

「役者が全然文句言わずにやってくれたのが嬉しかったですね。僕らみたいな若造が、滝沢さんに『滝沢さん、お願いしますね』って言えば『はいはい、私は時代劇に向いてる役者って言われましてね。羽二重《はぶたえ》要らずの滝沢って言われてます。頭が禿げてるもんですから、ひょいとカツラ載っけると、そのまま出ていける役者、便利な役者なんですよ』とか、舞台では伝説的な人が冗談を返してくれたりして。みんな喜んでやってくれた現場でした」

（岡崎・談）

特に人気を博したのは、謙信の子供時代を演じた中村光輝（現・三代目中村又五郎）でした。父親に疎まれながら健気に成長していく様が、多くの視聴者の涙を誘うことになったのです。

「子供でとりあえずお客さんを取っちゃえっていう考えもあって、子供時代から始めました。ただ、客を取れる子役を児童劇団から選べなかった。それで、とりあえず所作とかがきちっとできる子っていうところで歌舞伎界を当たってみると、中村光輝っていう子がいるって。なんかずいぶんふっくらしちゃってるよなあとか思ったんだけど『かわいくていいじゃない』ということで決まりました。

上杉謙信って、子供時代からものすごく苦労しているんですよね。子供の苦労話っていうのは、見てるほうはたまらないわけですよ。それで『光輝様、光輝様』ってことになっ

て、視聴者から『光輝を消すな』みたいな声が上がるようになっていくわけです」（岡崎・談）

そこでプレッシャーとなったのが、中村光輝の後を受けて青年役から登場することになる石坂浩二です。石坂は光輝の出演時に何度もスタジオに顔を出し、バトンタッチ時には岡崎に「光輝君みたいにやればいいんですね」と尋ねるほどだったといいます。その言葉に悲壮感を感じ取った岡崎は「大丈夫だよ。だから、あまり意識しないで。光輝ブームになって入りにくいと思うけれど、もうやるっきゃないじゃない」と言って励ましています。

「そこまで追い詰められた感じの役者は他にいるのかっていう感じでした。ただ、それを、彼は彼なりに見事にはね返して、石坂謙信が成立するようになっていきました」（岡崎・談）

川中島の撮影

クライマックスの川中島合戦は、岡崎栄が担当しています。

「タイトルバックは三五ミリフィルムのカラーで撮ったりしたんだけれど、本当はね、はじめから生放送用のカメラとビデオカメラを外へ持ち出して、ビデオで撮りたかったんですよ。ただ、それはその段階では技術的にはできなかった。だから、外のロケは全部三五ミリで回してたんですよね」（岡崎・談）

合戦の場面では、ヘリコプターからの空撮が行われています。この撮影も三五ミリのフィルム用カメラが用いられていますが、岡崎はそれ以外の撮影ではロケーションでもフィルムを用いず、ビデオを使用しています。

これまでの大河ではロケーション撮影は全てフィルムで撮られてきました。本作で初めてテレビカメラを使用してのビデオ撮影が行われることになったのです。当時のカメラはまだ手持ちできる大きさではなかったため、中継用のカメラを借りての撮影になりました。

岡崎が撮影機材をそう選択した根底には、吉田直哉が『太閤記』で持ち込んだ「過去と現代との対話」と同じ発想があったといいます。テレビであれば「今」と繋がる映像でなければならないという、ドラマ草創期からの演出家ならではの実験精神です。

「なんでそこまで生映像感覚のビデオにこだわったのかというと、フィルムって『定着させて記録するもの』みたいに思えていたからです。僕はずっと現代劇を生放送でやっていたのでその感覚から抜け出せなくなるんですよ。

その感覚は何かというと、フィルムが『すでに記録したものを見ている』だとすると、ビデオは『今そこで起きている』という感じが見ているほうにも作っているほうにもあるんですよ。それを格好つけて言えば『現在性』という言い方になるんですが、『今』という感覚で作り手と視聴者で繋がるっていうのがね、テレビというメディアの特性なんじゃないかとずっと思ってきました。

そうすると、フィルムは感覚が合わないんです。それで強引にテレビカメラを外に出しました。当時のカメラは人力じゃ絶対に上がらないくらい大きいですから、ジャッキで持ち上げてカメラ台に固定するとか、それからイントレ（高い位置から俯瞰で撮影するためにスタッフとカメラを載せる櫓《やぐら》）があればその上に載っけるのにもジャッキを使いました。そういう状態でもテレビカメラで撮るってことにこだわったんですよね」（岡崎・談）

川中島の撮影が行われる本作の終盤は、撮影機材の切り替わりの時期でもありました。この時、現場にカメラを持ってきたのは、二階堂勲という中継部の技師でした。二階堂は岡崎が広島局に赴任していた頃からの長い付き合い。その二階堂が撮影前、岡崎に「このカメラ、ぶっ壊してもいいから」とカメラを持参します。理由を聞く岡崎に二階堂はこう言い放ちます。

「これを壊してくれたら、新しいカメラ入ってくるんだ」

川中島の撮影は福島県の相馬《そうま》で行われます。相馬なら、伝統的に続いてきた「野馬追い祭」用に多くの馬を飼育しているため、合戦シーン用の騎馬の調達が容易だったのです。上杉軍が鞭声粛々《べんせいしゅくしゅく》で川を渡る場面では、相馬の農業高校の生徒に鎧《よろい》を着せて出演させています。

翌日から始まる合戦シーンの撮影に備えて川の中にイントレを組み、ジャッキで持ち上げてカメラを載せます。この時、一つ問題が起きました。撮影場所には危険性の少ない川を相馬近辺で選んだのですが、その深さが足首ぐらいしかなかったのです。

「迫力出ないけど仕方ないな」と岡崎も諦めていたそうです。ところがその晩、大雨になりました。そして深夜になり、宿舎で寝ていた岡崎は、外での大騒ぎに気づきます。玄関に出てみると、技術スタッフたちが合羽《かっぱ》を着て、出ていくところでした。

「川の中のイントレ櫓に載せたカメラが流されてしまう！」

雨のため櫓が壊れ、カメラが流されるところでした。スタッフたちは大雨の中、みんなで川の中に入り、なんとか応急処置を施すことでカメラは流されずに済んだといいます。

この雨が、撮影にはプラスになりました。翌朝、川は増水していて、渡ろうとすると胸ぐらいまで浸かるようになっていたのです。そのおかげで甲冑をまとった高校生と馬が川を渡る映像に、迫力が出ることになりました。

ただ一人不満気だったのは、二階堂でした。

「あのカメラ、流されたほうがよかった。新しいのを入れられるのに」


子役人気に加えて、こうした現場サイドの努力も実り、『天と地と』は高視聴率を記録、「大河終息論」はいつの間にか消えていきました。

＊平均視聴率二五・〇パーセント、最高視聴率三二・四パーセント

『樅ノ木は残った』（一九七〇年）

定説の読み直し

『天と地と』の大成功によって、大河ドラマはその命脈を保つことができました。

そして、続く一九七〇年に今度は思い切った企画に出ることになります。それが山本周五郎原作の『樅ノ木は残った』です。

江戸時代前期、仙台藩伊達家で起こったお家騒動が描かれた作品でした。

主人公は伊達家家老・原田甲斐。これまでは歌舞伎の演目『伽羅先代萩《めいぼくせんだいはぎ》』で藩政を我が物にした野心家として描かれ、悪役のイメージが定着していた人物です。それを本作では、「実は全ては藩のためを思っての行動だった」という、従来の原田甲斐像を一八〇度逆転させた原作の解釈をそのままに採用しています。その甲斐役は平幹二朗が演じました。

本作のチーフ・ディレクターを務めたのは、『太閤記』『源義経』に続き吉田直哉です。吉田は、企画の狙いを自著で後に次のように記しています。

「伊達騒動を扱ったこの作品の最大の特徴は、〈定説〉に対する〈異説〉であり、悪人復権の物語だということであろう。

歌舞伎の『伽羅先代萩』の最大の悪役、仁木弾正のモデルは原田甲斐であるとされる。私は旧制中学二年のときに仙台に転校し、旧制高校も仙台だからよく知っているのだが、地元仙台でも、原田甲斐は全国と同様に名の通った悪人であった。しかし、一部の地方やいくつかの寺で、その彼を欠かさず供養している、といううわさは伝えられていたのである。

そんなうわさを知っていたので、山本周五郎氏の、この定説の書きかえはおもしろいと思った。定説といっても、大半はいわゆる伝奇野史であって、正史ではないのである。そして今も宮城県の東陽寺にのこっている、彼の七回忌にあたってひそかにしるされた連判状が示すように、死後彼を供養した人びとには町人百姓が多く、色川大吉氏のいわれる〈民衆の視座〉からみれば、原田甲斐の復権は当然だといえるかも知れないのであった」（前掲『私のなかのテレビ』より）

ただ、吉田には原作を読んでいて腑に落ちない点が一つあったといいます。原田は作中で自らの本心を決して誰にも明かしません。数少ない自らの味方すらも欺き、諸悪の元凶の懐に自ら飛び込んで取り入ろうとします。その間、ひたすら悪名を馳せ続ける。最後は敵の刃にかかって命を落とすのですが、この時ですら「自らの乱心」のせいにするよう、息が絶え絶えの中で居合わせた面々に言い聞かせています。そのために、後の世に至るまでの汚名を自ら被ることになるにもかかわらず。

吉田はそんな原田を「忍耐心は異常で、ほとんど自虐的でさえある」（前掲『私のなかのテレビ』より）と分析しています。なぜ、彼はそこまで自虐的な生き方を選んだのか。そこが、吉田にとっての最大の疑問でした。

「こういう天性のマゾヒストのような人物がいきなりブラウン管に登場して、奇異な感じ

を与えないものだろうか」（前掲『私のなかのテレビ』より）

吉田は脚本を担当する茂木草介と討議を重ねます。
そして、あることに気づきます。それは原田が女性に対して接する際、極端なまでに距離をとっているということです。なぜ、そうなったのか。そこを描くことができれば、この原田の生き方の謎を解くことができるのではないか。吉田はそう考えます。
たとえば若い頃に恋人を不幸な目に遭わせてしまった——それなら、全てが不自然でなくなってきます。自分と接すれば不幸になるという意識から女性と距離を置くようになり、そして彼女への強い贖罪《しょくざい》の意識が原田を自虐的な行動へと駆り立てていく。

この仮説に則り、原作では描かれていない原田の青年時代を新たに茂木が創作、冒頭一三話をかけてその悲恋の物語を描いていくことになります。

「たしかに、これは一種の原作離れかも知れなかったが、原作が定説の書きかえであったり悪人復権の物語であったりする小説の場合には、当然つじつまを合わせたり、補強したりする必要が多く、たとえば主人公の人格形成期を追加しなければならない場合なども多いのではないかと思われる」（前掲『私のなかのテレビ』より）

こうして創作されたヒロイン「たよ」を栗原小巻が演じました。原作にも登場するもう一人のヒロイン・宇乃には吉永小百合。ファンの男性がそれぞれ「コマキスト」「サユリスト」と呼ばれていた人気女優を前半後半、それぞれに配することで、テーマそのものの暗さや地味さをカバーしようとしました。

若手ディレクターの抜擢

今回も演出陣は三人制が採られています。しかし、三人がほぼ同格だった『天と地と』とは異なり、今回はチーフとなるディレクターが一人いて、その下にセカンド、サードが支えるという形で序列を作りました。この体制が、後の大河の基本形になっていきます。

これも吉田の発案でした。大河ドラマはＮＨＫが多額の予算をかけて作る看板ともいえる番組枠であり、そもそもが「国民的番組枠」を目指して創設されています。また、出演者もスターやベテランが多い。そのため、担当するディレクターも、どうしても経験豊富なベテランに任せがちになります。しかし、それではなかなか若手が経験を積むことができません。

そこで吉田が考えたのが、このチーフ制でした。チーフにドラマ部のエース級のベテランが入り、それなりの経験のあるディレクターがセカンドに、そして若手がサードに入る。まだキャリアもない若手ディレクターでも、サードという責任をさほど負わなくてもよいポジションなら、晴れ舞台でもある大河ドラマを撮ることができる。吉田はそう考えたのです。このことは、若手ディレクターたちにとって、大きな励みになったといいます。ただ、これ以降の大河との大きな違いがあります。それは、以降の大河では、各ディレクターはそれぞれ担当した回に単独でクレジットされているのに対し、本作は全ての回が三名の連名でクレジットされているのです。

本作のサードとして参加し、後に『草燃える』『徳川家康』など、数多くの大河ドラマでチーフを張ることになる大原誠は、この時の吉田の狙いを次のように解説しています。

「一本の木が美しくてもダメで、山全体が美しくないとダメだというのが吉田さんの考えでした。つまり、個々の演出が個性的であっても、全体を見たときがダメならば、そういうやり方はよくない。そのためには、『この作品は俺の作品だ』という意識を持つことを避ける必要があると考え、三名連記で出ることになりました」(大原・談)

ただ、この「全話連名」という手法自体には大原は否定的な考えでした。またNHK自体もこれ以降は各話ごとの担当ディレクターを一人だけクレジットするようになっていきます。

「演出家は自己主張がないと、やっぱり成り立たないわけですよ。僕はその時は吉田さんに議論を仕掛けたわけじゃないし、従いましたよ。そして吉田さんにトーンを合わせて作ったけれども、やっぱり演出家は個のものじゃないかなという考え方があった。だからそれ以降、そういう連記するパターンはなくなったんです。

個人的には、吉田さんに負けまいと思っていました。吉田さんがなんて言おうと、俺は個性を発揮しようと思ったもの。たとえば狭いところでも、カメラを無理やり入れて、流れをぶった切ってでも映像を工夫した。別に裏切り行為とは思わなかったけれども、功にもこだわりました」（大原・談）

かなり冒険的なテーマ選びとなった本作ですが、大河としてはこの時期の合格ラインとなる平均視聴率二〇パーセントを超えることに成功します。親子の情や血沸き肉躍る合戦が描かれる『天と地と』に比べて、地味で難しい内容である『樅ノ木が残った』が多くの視聴者の関心を引いたということは、それだけ大河ドラマという枠自体が定着しつつあることを示すものでした。

＊平均視聴率二一・〇パーセント、最高視聴率二七・六パーセント

『春の坂道』（一九七一年）

再びの書き下ろし原作

一九七一年の大河ドラマは『春の坂道』。江戸幕府三代将軍・徳川家光の剣術指南役となる剣豪・柳生但馬守宗矩《むねのり》を通して、家康の天下取りから家光の時代までの治世が描かれています。

原作は山岡荘八ですが、これは書き下ろし小説でした。『三姉妹』で一度は痛い目に遭ったＮＨＫでしたが、ここで再び原作を書き下ろしにしたのです。それには理由がありました。

これまで大河ドラマの原作に採用された小説は、その話題性も手伝って多くがベストセラーになっていました。それらはいずれも、ＮＨＫではなくその小説を刊行する出版社の利益となります。他の出版社に儲けさせてばかりではなく、ＮＨＫの関連会社である日本放送出版協会（現・ＮＨＫ出版）でも、大河の原作を出せないものか——。大河ドラマがＮ

ＨＫ内でメジャーな立場を確立するにつれ、そうした意見が上がるようになります。そのためには、既存の小説ではなく、作家に新たに書き下ろしの原作を書いてもらい、それを日本放送出版協会で出す……という体制を構築する必要がありました。

本作の企画には、そうした狙いもありました。

「江戸幕府の礎は、家康、秀忠、家光の三代で作られる。これを築いた人物は、裏にいても表の人間として大河ドラマのテーマになれる」

プロデューサーとして参加していた吉岡利夫は、そのような考えで企画を練っていました。そんな折、山岡荘八が柳生一族について入念に調べており、今も柳生新陰流の道場に資金を提供していることを知ります。それならば、山岡に書き下ろし原作を書いてもらい、それを日本放送出版協会で出そう——という考えに至ります。

山岡も、これを快諾し、企画がスタートします。

柳生は剣で身を立てた家柄。その剣をもって徳川家を陰から支えました。それを描く際、たとえば後に東映が同じく柳生但馬守を主人公に映画化した『柳生一族の陰謀』（七八年）のような、策略とアクションに満ちた作品になりがちです。

しかし、山岡はそうするつもりはありませんでした。次のようなコンセプトを吉岡に語っています。

「これまでは、いろんな偉人も取り上げてきたけれども、これからは違う。柳生但馬守は陰にいた人間。しかも自らの息子や家光に対して人間教育もした。それでいて平和思想者。柳生新陰流の無刀取りというのは人を傷つけないための剣法だから」(吉岡・談)

もちろん、吉岡にも異論はありませんでした。こうして、原作は脚本に先行する形で書き進められることになります。幸いなことに、山岡は書くスピードも速く、『三姉妹』の大佛次郎の時のような混乱は起きませんでした。放送が始まる段階ではすでに単行本を一冊出せるほどのストックがあり、余裕をもっての進行ができています。

脚本は、『天と地と』に続いて杉山義法が担当しました。

「プロデューサーの硲光臣さんのお気に入りだったんです。杉山さんは真面目で、サラリーマンみたいな実直な人。山岡さんのストーリーがしっかりしてるから、あとはこれを壊さないで脚本にしてくれればそれでよかったんです。ですから、この脚本家には強い作家性ではなくて、先行している原作をテレビ的にまとめることのできる、普通の脚色能力が求められました。それには、杉山さんの真面目さは打ってつけだったと言えます」(吉岡・談)

錦之助の主演

本作について重要なことが、もう一つあります。それは、主人公の柳生但馬守宗矩に時代劇映画のトップスター・中村錦之助（萬屋錦之介）をキャスティングすることができたことです。

当時の大河ドラマには、時代劇映画の第一線で活躍する主演スターはまだ出演していませんでした。『花の生涯』の佐田啓二はスターといっても現代劇がメイン、『赤穂浪士』の長谷川一夫は時代劇スターではありますが当時はすでに第一線から離れて大御所的なポジションにいました。後の面々は若手の抜擢や歌舞伎俳優、そしてテレビで頭角を現した俳優たちです。

錦之助は一九五〇年代から六〇年代に東映時代劇で一時代を築き、この時期は東映を離れてはいましたが、人気スターとしての地位は保ったまま時代劇映画で主演を張り続けています。テレビに出演せずとも十分な仕事ができていました。

時代劇のトップスターの錦之助が主演するということは、それだけ大河ドラマの格式が上がっていたことの象徴とも言えます。

しかも、これは錦之助自らがＮＨＫに売り込んできたのです。

「但馬守の役はすったもんだしてね。他にも候補はいたんですが、ＮＨＫ内での駆け引きもあってなかなか決まらなかったんですよ。そんな時に錦之助自身からの売り込みもあった。彼は名前もあるし、売れてるし、ＮＨＫに出るのは初めてだったから、話題性も十分にある。それで、裕さんの嗅覚とＮＨＫ内のバランスの中で彼に決まりました」（吉岡・談）

後に『国盗り物語』『花神』などのチーフ・ディレクターとなる齊藤暁は、本作のサードで初の大河演出を任され、錦之助に挑むことになりました。

「山岡さんの考えとしては『柳生の剣で平和を目指す』という理屈で、これはとても立派な考えなんですが、それが具体的にどういうことなのかという部分では、僕は必ずしもうまくいってなかったと思います。僕としては、主役が錦之助さんですから、いわゆる時代劇的な雰囲気を大事にして演出しました」（齊藤・談）

齊藤は、「大坂夏の陣」を描く回の演出を担当することになります。ここでは、錦之助が一〇人近い相手と立ち回りをする大きな見せ場が用意されていました。ここが演出家としての勝負所だろうと考えた齊藤は、錦之助が東映から連れてきた殺陣師・尾型伸之介と議論を重ねながら、殺陣の場面を構築していきます。

「やっぱり映画の世界でずっとやってきただけあって、すごいですよ。ある種の美学とリアルに基づいた殺陣の考え方。カット割りは僕がしたのですが、議論しながら、すごいエネルギーを使いました。映画のノウハウというのがいかに大事かを思い知らされましたね」

（齊藤・談）

錦之助は映画スターだからといって、決して驕《おご》った態度を見せることはありませんでした。稽古、リハーサル、本読み、全てにおいて必ず一番先に来て準備を始めています。しかも、収録日になれば、入り時間の一〇分前には必ずスタジオに入り、照明やセットを見て回りながら演技プランを考えていきます。セリフも、現場に台本がいらないほど全て頭に入っていました。そのため、齊藤たちは「もう錦之助さんが来るぞ」と、早めにリハーサルを開始していました。

ＮＨＫにおいても、時代劇業界においても、大河ドラマはもはや中心的存在となっていた――『春の坂道』の制作を巡る諸々は、そのことを示すものでした。

本作も引き続き平均視聴率二〇パーセント以上の合格ラインを超え、それに合わせて原作もベストセラーとしての売れ行きを記録します。一度は一敗地にまみれた「オリジナル書き下ろし大河」への道筋を、再び拓いていくことになったのです。

＊平均視聴率二一・七パーセント、最高視聴率二七・五パーセント

『新・平家物語』（一九七二年）

平家のホームドラマ

一〇作目となる一九七二年の大河ドラマは、吉川英治の同名小説を原作にした『新・平家物語』です。

大河の企画を考える際、まず過去作で取り上げていない時代がピックアップされていきます。その結果、奈良時代、平安時代、室町時代が残りました。奈良時代は古すぎるということですぐに外され、室町時代は南北朝を描かねばならず、そうなると天皇の描き方の問題が絡んできて難しい。そこで残ったのが平安時代でした。

これまでは『源義経』でも平安時代は出てきますが、あくまで源平合戦ですから平安時代の末期です。しかも、視点は源氏や関東の武士中心。平安時代そのもの、そしてその中

心である京都のドラマではありません。

それならば、今度は平氏の視点から京都を舞台にした平安時代を描こうということになり、平清盛を主人公にしようという話になったのです。清盛なら幸いにも吉川英治の大長編小説があるため、物語も構築しやすい。こうして、企画は固められていきます。

キャスティングは、これまでの大河ドラマ史上でも屈指の豪華さでした。平清盛には、これが大河ドラマ初出演となる仲代達矢。さらに北大路欣也、山崎努、緒形拳といった大河の主役経験者が脇を固め、これまでの大河で何度も悪役のポジションで主人公に立ちはだかってきた滝沢修が今回も後白河法皇役で清盛に立ちはだかる。女優陣も若尾文子、新珠三千代、佐久間良子、中村玉緒……と主役級のスターたちが並びます。まさに映画・演劇界総出演と言っても過言ではありません。スタートから一〇作にして、大河ドラマは一つの頂点を迎えていたと言えるでしょう。

脚本は当時ＴＢＳのホームドラマ『ありがとう』を大ヒットさせていた平岩弓枝が起用されます。現代の庶民の日常の機微を描くことを得意とする平岩と、荘厳な宮廷陰謀劇や幾多の破滅的な悲劇に彩られた平家の物語とはミスマッチにも思えるところです。しかし、ＮＨＫ側の狙いはそうではありませんでした。

『三姉妹』『天と地と』に続いての大河登板となるチーフ・ディレクターの清水満は、平岩が起用された背景を次のように語ります。

「実は『新・平家物語』も僕らの意識としてはホームドラマなんです。『平家物語』の舞台は、保元の乱に平治の乱……骨肉相食《あいは》む時代でもあります。父が子を殺す、子が父を殺す、肉親同士で戦い合ったりする時代でした。そのドロドロとした人間関係の、特に家族の話が面白いわけです。

ですから、もちろん大きな時代のうねりはありますが、一話ごとの物語の核は親子の話、夫婦の話、妻と妾の話……そうしたホームの中の出来事を据えることにしました。その果てに骨肉相食むようになっていくと言いますか。そういう意味で、平家一門という大きな家族の中でのホームドラマなんです」（清水・談）

作り物の世界を徹底

清水は三度目の大河ということもあり、豪華キャストの演出も円滑に進んだといいます。

「リアルというよりも、舞台劇に近い演技をお願いしました。オーバーという意味ではなくて、作り物としての面白さを狙ったんです。ですから、たとえば後白河法皇役の滝沢修さんはクセがある芝居をされる方でしたが、そこを変えさせることはしませんでした。後白河法皇は人間的に幅もクセもある人だと思ったので、滝沢さんにそのままやってもらったほうがいいと思ったんです。

仲代さんにしてもそうです。清盛はそれまでは悪者として描かれてきました。源氏のほうが正統で、平家は滅びゆく悪者という印象でしたよね。でも実は清盛は平家の一家をいかにして守って、いかにして繁栄させていこうかってことに苦心しているわけです。ところが、子供たちは出来が悪いのが多くて、清盛は自分の思う通りいかない。

つまり、清盛はホームドラマの父親なんですよ。ですから慈愛があったり、逆に後白河法皇と対立する時には力関係を見せたり。そういう人間の裏と表について、仲代さんなりの清盛像を作ってもらいました。

役者たちがそれぞれに、一つの人物をどうやって作るかということに興味を持ってくれたのが大きかったと思います。そうした芝居が合わさってきたんで、ドラマとしても重層的に面白いものになった。ワンセットだけの芝居も結構ありましたが、それも画としてちゃんと持ちこたえることができました」（清水・談）

豪華キャストに加えて平安時代の衣装や甲冑に予算がかかったこともあり、『天と地と』

のようなロケーション撮影はほとんど行うことができませんでした。そのため、合戦シーンも含めてほとんどがスタジオで撮られることになります。

天下をとった清盛が厳島神社に雅楽を奉納するシーンを除き、源平合戦の舞台となる一ノ谷や屋島、壇ノ浦の戦いもスタジオで撮られました。スタジオ内に水を入れることはできないため、義経の八艘《はっそう》飛びなどの場面は船の上だけが映されることになります。

ここまでスタジオでの撮影を徹底したのは、予算以外にもう一つ理由があったと清水は言います。

「これは絵巻物であるから、いわゆるリアルなものは必要ない」

それが本作の基本コンセプトだったのです。

ロケーション撮影をすると、外の実景を撮るため、どうしても映像はリアルなものになります。生々しい迫力を出したいのならそのほうがいいのですが、今回は清盛の物語を絵巻物のような「作り物」の世界の中に描こうとしています。そうなると、ロケーション撮影のもたらす自然さは邪魔なものになると考えられたのです。

映像の色合いについても同様でした。リアルに考証を重ねて衣装やセットの色を指定するのではなく、絵巻物から飛び出してきたような、どこか嘘っぽさすら感じられるケレン味を狙っていきました。そのため、たとえば平氏は都の人間らしく衣装も屋敷のセットもできるだけ派手に。源氏は逆に渋くて暗い色に統一。この色の対比で両者の関係性を映し出そうとしました。平氏のセットは綺麗な白木が使われ、源氏は古びて黒ずんだ板が使われるという徹底ぶりだったといいます。

また、平氏の屋敷の場面では紫がかった照明を使ってもいます。平氏はとにかく綺麗に美しく撮る。徹頭徹尾そのこだわりで映像は貫かれ、絵巻物の煌びやかな世界をテレビ画面に映し出そうとしたのです。

本作は以降の大河の描き方に大きな影響を与えています。それは二点ありました。

その一つは、時代の激動だけでなく主人公たちの暮らす「ホーム＝家庭」の様もていねいに描くようにするということ。それからもう一つは、役者の芝居がしっかりしていれば、無理にスペクタクルな映像を撮らずともドラマのダイナミズムは成り立つということ。これらの手法は、いずれも後の大河制作におけるフォーマットの一つになっていきました。

＊平均視聴率二一・四パーセント、最高視聴率二七・二パーセント

『国盗り物語』（一九七三年）

現代的な魅力の戦国

ちょうど一〇作目となった『新・平家物語』は配役においても演出手法においても、大河ドラマ制作における一つの集大成といえるものでした。そうなると今度は、その完成された世界に抗おうという流れが出てくるのは、表現者としての必然といえます。

一九七三年の大河ドラマ『国盗り物語』が、まさにそうでした。

司馬遼太郎原作による本作の舞台は戦国時代。油売りから美濃一国の大名に成り上がったとされる斎藤道三、その娘婿で天下布武へと邁進する織田信長、そして道三の兵法を受け継ぎやがて信長に仕え討ち果たす明智光秀――三者三様の栄枯盛衰のドラマが描かれていきます。道三には平幹二朗、信長には高橋英樹、光秀には近藤正臣がそれぞれ扮しました。

本作では表題作だけでなく、紀州で鉄砲隊を組織して信長に対抗した雑賀《さいか》孫市を主人公にした『尻啖《しりくら》え孫市』や、羽柴秀吉の家臣から始まり土佐一国の大名まで出世する山内一豊とその妻・千代を描いた『功名が辻』など、同じく戦国を題材にした司馬の歴史小説も原作として使われています。

チーフ・ディレクターを務める齊藤暁は、複数の小説を原作にした狙いを次のように語ります。

「司馬遼太郎さんの歴史の見方には素晴らしい魅力があります。ですから『国盗り』をやる時に、『国盗り物語』という原作だけじゃなくて、あの人が戦国時代のことを書いている小説を全て使わせてくれとお願いしたんです。大河というのはそのぐらい分厚く、幅広く、いろんなことを拾い上げて、しかも現代性のあるドラマとして作るものだと思うのです」
（齊藤・談）

齊藤は『春の坂道』のサードとして大河を初演出していますが、今回が初のチーフとなります。チーフは、作品の世界観や視点の基盤を設定する役割でもあります。そして、齊藤の本作での狙いは、「現代的な視点」でした。

「僕は、歴史と現代との関わりとか、そこに生きている人間がいかに生き生きと息づいているかとか、そういうのを描きたいんです。

斎藤道三はいわゆる悪党。主君を追い出して、自分が美濃の大名におさまって、主君の奥方を自分のものにする。そういう悪党と言われた人も、ちょっと見方を変えればドラマの主人公になるし、何より悪党と言われた人が持っているエネルギー――悪のエネルギーというのは、やっぱり現代的な魅力だと思うんです」（齊藤・談）

信長と光秀の対比

その上で特に齊藤が意識したのは、信長と光秀の対比でした。一方には、古い権威をどんどん壊していく信長がいます。比叡山を焼き打ちし、一向宗徒を弾圧し、室町幕府を滅ぼす。その一方で、光秀は家柄もあり、貴族的な教養を受けている、権威を重んじる常識人という描かれ方をされています。エキセントリックな高橋英樹＝信長と、それをひたすら堪える近藤正臣＝光秀という、両者の演じ方も対照的でした。

「あの二人の体質はやっぱり合わないわけです。それが『国盗り物語』の構造の上で大事なところだろうと思い、そういうことを腹に据えてドラマをやりました」（齊藤・談）

本作での光秀は、自らの信じてきた権威を信長に壊されることに悩み苦しみながらも、従わざるをえない、そんな葛藤する個人として魅力的に描かれています。こうした光秀のキャラクターを膨らませたのは、今回が初めての大河ドラマ担当となる、セカンド・ディレクターの村上佑二でした。村上は明智光秀に強い思い入れを持って臨んでいました。

「光秀の政治のやり方を見ていると、ものすごく民主的なんですよ。一方の信長は気に食わないやつを皆殺しにしてしまう。比叡山焼き打ちなんて最もひどい。武田氏滅亡の時も坊主まで含めて焼き殺している。光秀はそうではなくて、破った敵方の将も自分の軍に登用したり、合理的・近代的な政治を試みています。自分の軍の戦死者の遺族に対して米を与えたりもしていて、極めて下からの目線です。ローアングルなんですね、物の見方が。しかも非常にリアリストで現実を見つめていて、信長のような思いつきと直感で突っ走るタイプとはまったく違って、知的で緻密なところがある」（村上・談）

そうした村上の光秀への思い入れが反映してか、信長が憎々しいまでに傍若無人で、その理不尽にひたすら耐える光秀——という描かれ方をする場面も少なからず見受けられました。特に、比叡山焼き討ちの場面では、魔王のように恐ろしく立ちはだかる高橋＝信長に対して、そうはさせまいと必死に食い下がる近藤＝光秀という具合に、双方のキャラクターの違いが際立っていました。

「近藤正臣には清潔な感じで光秀をやってもらいました。僕は非常によかったと思っています。信長にしても『《特別な偉い人》を撮ってます』というんじゃなくて、なるべく等身大の目線で人間として捉えたいと思ったんです。そういう時に高橋英樹のあのワルぶりが見事でした。普通だと主役になると格好をつけちゃう。でも、『いや、違うぞ。おまえは今は悪なんだ』って高橋英樹を煽り立てていきました。

ですから、あの信長はもう本当に憎たらしいですよね。そうしないと特徴が出ないですから。今回の信長はこう、光秀はこう、と、今までとは違う人物像を自分なりに考えないと。定説どおりやっても面白くないですから」（村上・談）

乱反射のキャスティング

大河ドラマで主演を経験している平、すでに映画スターとしての地位を固めた高橋、人気若手スターとして注目されつつあった近藤と揃う中で、今回もＮＨＫは無名に近い新人俳優たちの抜擢もしています。

後に豊臣秀吉として天下をとることになる木下藤吉郎役に選ばれたのは、子役出身の二瓶康一という俳優。この作品の出演時に芸名を「火野正平」に改めます。

「秀吉は初め、ちょっと別な方を考えていました。畑のちょっと違う人を。でも、『一年間を大河で捕まると食べられない』って言われたんです。売れている人でしたからね。ぜひ秀吉にと口説いたんですが成立しなかった。

それなら、秀吉のキャラクターと同じで、本当のぺーぺーから、だんだんのし上がっていく役には新人がいいと思いました。それでいろいろ考えていましたし、売り込みも多くありました。

それである時、近藤正臣の事務所が写真を持ってきたんですよ。八百屋の前で、男が飛び上がっている写真。そのある種のエネルギーと、フレッシュな感じに惹かれまして、『これ、ちょっと面白いな』と思って会ってみたくなった。それが火野正平でした。

それで本人に会ったら、目の光がすごい。それで、まったくの無名の新人だけども秀吉に思い切ってしようと思ったんです。とにかくあの写真が決め手でした」（齊藤・談）

「近藤正臣のマネージャーが、『面白いのがいるよ』って言うんで会ってみたら、火野正平が出てきた。何とも行儀も悪いんだけど、ひょっとしたらこいつを使ったら新しい表現ができて面白いんじゃないかって思えてきました。

火野正平は根性があって、これまでの藤吉郎の像をどんどん打ち破っていきました。藤吉郎はどん百姓から出てくるわけだから、演じる役者もどん百姓のままでいいじゃないかって思ったんです。この抜擢は冒険も冒険だったけど、じっと見てたら、面白いトライアルではないか、常人と違う何かを感じられたんですよね」（村上・談）

本作には、脇役の一人として同じく無名に近い存在だった西田敏行もキャスティングされています。これは、村上による抜擢でした。

「キャスティングは乱反射的なのが面白いですね。全部きれいにまとまって文法通りに合わせていったら、直線的に読めちゃって面白くない」（村上・談）

村上は新人俳優を見出すため、新劇の各劇団の稽古場によく足を運んでいました。そこで見つけ出してきた役者の一人が、青年座の若手俳優だった西田敏行でした。

「泥だらけのジャガイモみたいなのがいる」

それが村上の西田への第一印象だったといいます。そして、その芝居に惹かれ、気づけば西田の稽古に見入ってしまっていました。

そして本作で、林隆三扮する雑賀孫市と争う土一揆の百姓の若大将の役に西田を抜擢することにしました。出番は数エピソードしかありませんでしたが、孫市が実質的な主人公とも言えるエピソードで孫市と対等に激突する芝居が組まれている、重要な役です。

村上が西田を初めてＮＨＫのスタジオに連れてきた際は、周囲からは「何だ、あいつは」「汚ねえやつが来た」と非難されたという話です。が、芝居を見ているうちに「あいつ、面白いね」と評価は一変していきます。そして、後には「ミスター大河」といっていいほど、数々の作品に重要な役割で出演することになります。西田は実力で周囲を納得させたのです。

ハンディカメラの導入

本作は、映像面でも新しい試みに挑戦しています。ハンディカメラの導入です。

これまで何度か述べてきましたが、かつてはビデオ撮影用のテレビカメラは大きかったため、ロケーション撮影をしたり、セット内でも動きのある場面の撮影は困難でした。それでもどうしても動きをつけようとすると『三姉妹』『天と地と』の時のように、スタッフに多大な負担がかかることになります。

この時期、ちょうど手持ちで運べるサイズのカメラが新たに開発されたことで、その障壁は取り払われることになったのです。そして、本作の演出陣は積極的にこれを用い、大河ドラマの映像を大きく変えていくことになります。

本作の前年、田中角栄首相が中国へ訪問、日中国交回復を実現しています。その際、NHKが開発したハンディカメラがその姿を追っていました。村上はその生々しい映像に目をつけます。あのカメラが日本に帰ってきたらすぐに使おう、と。

ただ、当時のハンディカメラはまだ性能が十分ではなく、機械の調整をするのに朝から夕方までかかったため、夜にならないと使えませんでした。それも承知で無理やり使うことにしたのです。

その効果をチーフの齊藤はこう振り返ります。

「『国盗り物語』の時に、ちょうどハンディカメラが出てきたんです。あれも画期的でね。カメラを走らせたり、揺らしたり、演出手法がかなりダイナミックになって、自由度が広がりました。馬が走っている場面なんて、あの時代はスタジオの中に箱馬といって、馬の高さに箱と山台を組んで、それに役者が乗っかるという撮影をしていました。スターが箱の上に乗っててね、馬で走っているふりするのが滑稽で。

ところが、ハンディカメラができてからは、トラックの三輪車の後ろにカメラを据えて、馬を走らせて、それを撮るとか、かなり流動的にダイナミックな演出ができるようになりました。だから、合戦を撮るにしても、ハンディカメラを揺らしながら人を追いかけるとか、かなり演出の幅が広がったんです」（齊藤・談）

一方、セカンドの村上はそのことで映像だけでなくドラマそのものの視点をも幅広いものにすることができたと指摘します。

「『国盗り物語』というのは一一作目なんですよね。一〇年経つと、それなりに大河ドラマのイメージって固まっていました。どちらかっていうと《上から目線》的なドラマツルギーというかね、わりとお行儀がいいわけです。

それで、一一作目の『国盗り』をやる時は、みんなでドラマ作法を変えちゃおうじゃないかと。行儀悪く言えば、『土足でその時代に踏み込め』と。

武家社会を俯瞰して上から見るというよりは、人間にくっついていくという発想でした。それで、カメラも『上から目線』じゃなくて『下から目線』。人間にどこまでも同じ目線でくっついていったほうがいいと考えたんです」（村上・談）

スタジオ内の桶狭間

このハンディカメラ導入の背景には、これまでの大河の撮り方、そしてそれに象徴される「視線の位置」に対する、村上なりの反発があったといいます。

「これまでの多くの大河は、いわゆる日本の時代劇の常道に則っていて、街道を行軍する場面はほとんど全て俯瞰で上から撮っています。その発想の元というのは絵巻物なんです。『源氏物語絵巻』というのがありますが、あれは『吹抜屋台』といって、屋根を取っ払って全てを俯瞰で撮ってるわけです。日本人のそれまでの絵画感覚は、どちらかというと俯瞰だったと言えます。それをロー・ポジションにしようと思ったんです。

そのためにはハンディカメラが極めて便利でした。カメラを地べたに置くことができるので、突進してくる軍兵がカメラの上を飛び越えていく映像が撮れることから始まって、今まで構えて撮っていたものを、一つずつ崩して、人にくっついていくカメラという映像作りを考えました。

大げさに言うと、それまでのカメラは全て三脚で撮っていたんです。だから、カチッと決まった構図になる。それが、ハンディカメラを使って手持ちで走って追っかけたりすると、画面はグラグラ揺れます。それを僕は『カメラの水平線からの解放』なんて勝手な言葉をつけまして、画面が揺れてもいいんだと言い張りました。そうした躍動感や解放感こそが下剋上戦国時代の精神じゃないかと考えて、映し方をこれまでと変えてみようと思ったんです」（村上・談）

このハンディカメラの特性を利用して、村上はスタジオ内での桶狭間の合戦の撮影に挑んでいます。

まず、スタジオの中に大きな滑り台の装置を作る。台の上に車いすを置き、そこにハンディカメラを持ったカメラマンが乗って待機する。そして、カメラの前、つまり滑り台のスロープの下には足軽や雑兵《ぞうひょう》たちが待機していて、その奥には幔幕《まんまく》があり、中には休憩している今川義元がいる。そして、撮影開始と同時にその雑兵たちに向かってカメラマンの乗った車いすを滑り落とす。すると、カメラマンを乗せた車いすは斜面を一気に下り、幔幕をはね飛ばしながら義元のところへと突っ込んでいく。

この時、カメラに映し出されているのは、今川の陣所に勢いよく飛び込んでいく主観ショット。それはすなわち、奇襲してくる織田軍の兵の目線から見える映像です。この手法により、見る側にはまるで自身が織田軍の兵士となって今川の陣に突撃したかのような臨場感が生まれました。

「大勢の馬や人を配置して、それをロングの画面で撮って、その広がりですごいと思ってもらうのが従来の古い映画的な手法だったと思います。ですが、NHKのスタジオは狭いですから、それはできない。でも、たとえば馬や人をカメラ前に配置して寄りの画で撮れば、より大きく映るわけですよ。そこにさらにカメラが動けば、新たな臨場感が出てくるんで、むしろそっちのほうがテレビでは迫力が出ると思ったんです。狭さを逆に利用するほうが勝ちだ、と」（村上・談）

重厚な芝居と様式美の演出で絵巻物的な世界を作り出す『新・平家物語』的なアプローチと、躍動感と現代性で臨場感ある空間を作り出す『国盗り物語』的なアプローチ。この二年で構築された、この二つの演出手法が以降の大河演出の基軸となります。

こうして大河ドラマは試行錯誤の時期を経て、企画も制作体制もキャスティングも演出・撮影技法も、その方法論が確立されました。

＊平均視聴率二二・四パーセント、最高視聴率二九・九パーセント

第四章

金曜時代劇の冒険

金曜時代劇『文五捕物絵図』(1967〜68年)
主人公に抜擢された杉良太郎は、本作をきっかけに一気に時代劇のトップスターへと登りつめる。
(写真提供:NHK)

ＮＨＫには大河ドラマともう一つ、時代劇のレギュラー枠がありました。それが「金曜時代劇」。後に曜日を移動して「水曜時代劇」となります。この枠でもまた、野心的な作品が作られていました。

この章では、放送された作品の中から代表的な作品についていくつかピックアップし、その制作秘話をご紹介したいと思います。

『文五捕物絵図』（一九六七～六八年）

自由な気持ちで

「金曜時代劇」は一九六五年四月、松方弘樹主演『人形佐七捕物帳』で始まります。大河と同じく一つの作品を一年間放送することになっていました。しかし、『人形佐七』と、その翌年の尾上辰之助（初代）主演『大岡政談　池田大助捕物帳』は期待したほどの視聴率には届いていませんでした。この時間帯は裏番組に日本テレビのプロレス中継があり、その人気に他局の番組は全て押されてしまっていたのです。

そうした中で、一九六七年四月からの「金曜時代劇」枠の立て直しを命じられたのが、合川明プロデューサーでした。

『花の生涯』で大河ドラマを立ち上げ、『赤穂浪士』で国民的番組人気枠へと引き上げた辣腕が、今度はＮＨＫ時代劇の歴史を作ることになります。

「大河ドラマも定着して絢爛豪華になってくると、もうちょっと素朴でも胸打つようなものが求められるんでしょうね。

これまでは『赤穂浪士』だとか、古いテーマの時代劇ばっかりやってきました。『花の生涯』もそう。大河は『必ず当てなければならない』という制約がありましたから。

でも、今度はそういうものを全部踏み越えてね、やれるものならやってやろうと思った。自由な気持ちでね。というのは、自分が道を引いた大河が当たったという自信もありました。あの時は高い壁になっていた映画も落ち目になり乗り越えたという意識もある。

ですから、ＮＨＫの上層部も『合川がやるから間違いない』と言ってくれたんです。だから、もう何でも通るという状況でした」（合川・談）

そして合川が企画したのが、松本清張原作の『文五捕物絵図』でした。岡っ引きの文五が活躍するミステリー調の捕物小説です。

しかし、合川は既にある清張の原作小説だけで終わらせませんでした。『張込み』『霧の旗』『波の塔』『ゼロの焦点』……清張の現代小説を時代劇に翻案し、本作で映像化していったのです。

「清張さんが、もう全部許してくれました。『新作でも旧作でも何でも、どうやってもいいから、『文五』って名前でどうやってもいいよ』って言ってくれたんです。ですから、文五の骨だけ取って、あとは勝手にやらせてもらいました」（合川・談）

脚本も大河が「大作家」を起用してきたのに対し、ここでは気鋭の若手・中堅が登板しています。特に活躍したのが杉山義法、須藤出穂、石堂淑朗、岡田光治、そして倉本聰です。

「既存の作家はあまり使いたくなかったんですよね。若い人で行こうと。それで、五人ぐらいの作家をプールして、二か月くらい推敲させたんです。みんな僕のところに脚本を持って来させて、内容がダメだったら容赦なく捨てました。それで、いいホンから順番に放送に出した。

倉本さんも若かったですよ。杉山さんはどっちかというと舞台調なんですね。世話物が書ける。あの人自身がすぐ泣くほうだから。それから、須藤さんはドキュメンタリータッチ。岡田光治はコメディタッチが書ける。そういう脚本家の特徴に合わせて、演出家やゲスト出演者との組み合わせを考えていきました」（合川・談）

ちょんまげを結った現代劇

本作は江戸時代を描きながらも、現代のはらむ社会問題を仮託しながら挑んでいます。たとえば「冬の女」では、原作『霧の旗』の弁護士の設定を医師に置き換え、貧しさのために治療を受けることができず助かるはずの命を失ってしまうという「医療倫理と商売」の問題に切り込みました。また、「機《はた》の音」では、原作『波の塔』の設定そのままに役人の不正と、その操作が奉行所上層部によって握りつぶされて事件が闇に葬られてしまうという「国家権力の闇」を描き出しています。

「その前の『人形佐七』は松方弘樹で作ったんだけど、あまり面白くなかった。あれは一つの定番時代劇なんです。だけど、定番じゃつまらないと思った。現代の時代劇というか、現代の捕物帳。そんな感覚で、『ちょんまげ結《ゆ》った現代劇』という感じで作ってました。だから、僕はこれを捕物帳にするまいと思った。これはドラマだと。脚本家たちにも『箇単な定番の捕物にしないでください』と言いました。アメリカ兵による日本人の強姦事件とかも、時代劇に置き換えて扱いました。能登の御陣乗《ごじんじょ》太鼓とかに結びつけて作ったんです。それはね、やっぱり清張さんの作品の持ってる良さがあったと思います」（合川・談）

ディレクターとして数多くのエピソードを担当した齊藤暁もまた、合川と同じ意識で現場に臨んでいました。

「僕はその時は、ちょうど『おはなはん』の演出をやっていました。で、終わって、『時代劇はどう？』って言われて、『いや、もう若いんで何でもやりますよ』って、それで『文五』の演出の三番手に入ったんです。和田勉さんがチーフで。

時代劇という感覚はないんです。衣装とか、時代劇的なある種のロマンというのは大事にしながら、やっぱり人間を描く、人間と向かい合うんだという意識でしたから。どうやって歴史と向かい合って、その歴史の中で生きてる人に現代の人がどう共感を持つかということです。やっぱりその人物に共感を持ってもらうためには、非常に現代的な感覚で登場人物を捉える、それがすごく大事なんですよ。それはずっと変わらない。で、それは人間ドラマというふうになっていく。

ケレンとか、立ち回りの面白さとか、時代劇として視聴者が喜ぶような、時代劇らしい作り、時代劇の美学というか、そういうものを大事にしなきゃいけないというのは頭にあります。けれども、あくまでドラマを作ってるんだと。根っこはそれですよね。

脚本も倉本聰さんとか杉山義法さんとか、当時でいうと若手ですよね。で、われわれも若い。それが一緒になって、脚本が出来上がると、ああだこうだと脚本について議論しながら作りました」（齊藤・談）

杉良太郎への特訓

主人公の文五役には、当時まだ役者としてデビューしたてだった杉良太郎が抜擢されています。杉は本作で人気を博し、一気に時代劇スターになっていきました。

「僕は大河の一本目からやって『札束番組』ってさんざん叩かれたんです。僕が映画会社に行ったら『札束が来た！』なんて言われたこともある。だからね、なんとか見返してやろうって気はあった。こんな安い俳優たちでも、こんな作品ができるんだという作り方をしたかった。

杉良太郎もね、たとえば他の役者の契約金が一〇〇万円の時でも、彼は一二万円ですよ。

でも向こうのマネージャーが『合川さん、お金要らないから出してくれ』って。そういう意気があったんですよ、みんな。プロダクションにも僕たちにもね」（合川・談）

当時のＮＨＫは、新人を抜擢する場合は撮影に入るまでの数か月を稽古期間にあてることになっており、ここで合川は杉を徹底的に指導していきます。踊り、所作・作法、殺陣……時代劇に必要な素養は全て学ばせました。その特訓は、根性の塊と言える杉にすら「苦しい」と言わせる厳しさだったといいます。殺陣の指導は共演者として参加していたベテラン俳優・中村竹弥が当たりました。

合川が特に入念に指導したのは、セリフです。杉は神戸出身のため、なかなか上手く江戸弁の啖呵《たんか》が切れなかったのです。どうしてもキレのない甘い口調になるため、これも長い時間をかけて特訓していきました。

ただ新人を抜擢するだけではなく、その際には育成も徹底する。これは、後々に至るまでのＮＨＫ時代劇の伝統になっていきます。

『文五』は大評判を呼び、視聴率的には裏番組のプロレス中継を追い抜きます。その好評を受けて、さらに半年の放送延長となりました。こうして、大河ドラマに続いて「金曜時代劇」がＮＨＫの大きな柱となる時間枠として確立されていったのです。

『鞍馬天狗』（一九六九〜七〇年）

大佛次郎の懐柔

六九年は高橋英樹主演の『鞍馬天狗』でした。戦前から何度も映像化されてきた定番のヒーローです。

原作者の大佛次郎との交渉に当たったのは、デスク（制作進行係）として参加した吉岡利夫です。ＮＨＫと大佛とは『三姉妹』以来、疎遠になっています。その懐柔策として『鞍馬天狗』の企画が持ち上がります。大佛にとって思い入れのある作品であるため、この企画を持ち込めば喜んでもらえるはずだと考えていたのです。そこで、大佛と昵懇《じっこん》の間柄である吉岡に交渉が一任されます。吉岡の頼みを受けて大佛も快諾、その後は現場とも円滑な関係を築くようになっていきます。

主演は日活のスター・高橋英樹。後に時代劇スターとしても人気を博することになる高橋ですが、日活は現代劇を専らに作ってきた会社。実は映画・テレビを通してこれが初めての主演時代劇でした。

この交渉も、吉岡が当たっています。吉岡は高橋のマネージャーと雑談している際、「時代劇をいっぱいやってる役者は面倒くさいから使いたくないんだ。芝居をやってるのが鼻につくから」と言ったところ、マネージャーが「それならウチの英樹はどうだ？　あいつ、殺陣うまいよ」と持ちかけてきたのがキッカケだったといいます。日活で現代劇ばかりに出ていた高橋英樹でしたが、普段から殺陣の稽古もしており、柱に傷を付けておいて、刀を振るとその傷跡に切っ先が入るくらいの腕前でした。

その話を聞いて、吉岡は高橋の所属する日活の俳優部の部長にかけ合います。吉岡はこれまでもテレビドラマで日活の川地民夫などを起用していた関係から、その窓口である俳優部長とも親しく付き合っていました。「利ちゃんがやるなら、考えてやるよ」。部長は二つ返事でＯＫを出しています。

一方で、こう付け加えたそうです。「ただし、英樹がなんと言うかね」。これまで、大河ドラマを除いてテレビドラマには出演しないできた高橋が、果たして承諾するかどうかは不明だというのです。が、それは杞憂に終わります。高橋はすぐに出演を快諾しました。

高橋は当時、映画の撮影で離島にロケに行っていました。その際、ＮＨＫの朝の連続テレビ小説でいつも郵便配達役で出る脇役俳優と一緒だったのですが、島民たちはサインを求めて皆その脇役の前に並び、高橋のところには誰も来なかったのだといいます。それ以来、「テレビにも出ないといけない」と考えるようになっていたところだったのです。

高橋英樹の殺陣は前評判どおりに見事なものでした。ディレクターとして参加していた岸田利彦は、当時をこう振り返ります。


「高橋英樹は殺陣のうまい人で、ものすごく頭がいいし勘がいい。ＮＨＫの時代劇は林邦史朗という人がずっと殺陣師をやっていたんだけど、彼が模範を一回見せると、そのとおりサッとやれる。

林邦史朗は僕らの設置したカメラ位置をちゃんと把握していて、『ここからこう斬って、その動きをしたら、こっちのカメラで撮るといいですよ』とか、カメラのことも分かって殺陣を提案してくる。こっちが三台使うとしたら、『この位置からは映らないですね。じゃ、こうしましょう』と。高橋はそれを傍らで見ていて、全部理解していました」（岸田・談）

こうして高橋英樹は時代劇でその才能を遺憾なく発揮するようになり、杉良太郎に続いてＮＨＫ時代劇での主演を契機に時代劇のトップスターへと駆け上がっていきました。

『男は度胸』（一九七〇〜七一年）

小野田勇の遅筆

一九七〇年一〇月から翌年一〇月にかけての金曜時代劇は、徳川吉宗の生涯を喜劇的に描いた『男は度胸』でした。脚本は喜劇に定評のある小野田勇。『三姉妹』を一人でやりきり、今回は金曜時代劇を初めて担当する清水満ディレクターと小野田は、『若い季節』というバラエティタッチの現代劇を作っていました。

「柴田錬三郎さんの『徳川太平記』という原作があって、吉宗の若い頃の話を軸に元禄時代、たとえば忠臣蔵を描いていた。それをドラマの世界で繋いでみようじゃないかと小野田さんが提案してきたんだ。時代劇の裏話を描こうということでね。忠臣蔵も、討ち入りの裏で動いてる人間たちとか、そういうところに興味を持たせる作りにしようとしました」（清水・談）

問題は、その小野田がとんでもなく遅筆だったことです。後に大河ドラマ『黄金の日日』

『獅子の時代』のプロデューサーとなる近藤晋は、この時デスクとして小野田の脚本を取りに行く役割をしていました。

「遅いなんてものじゃないです。その回の放送が終わってもまだ脚本が来てないんですから。それである日ね、山田五十鈴さんがついにたまりかねて。みんなが集まって今日の稽古をしようとしたら、『小野田さんね、もうお願いだから、これだけ教えてよ。私は死ぬの？　生きてるの？』って聞いたくらい。それぐらい何も分からない。スタッフも分かりません」（近藤・談）

そのため、近藤は朝ＮＨＫに出社するとすぐに黒板の予定表の自分の欄に「外出」と書いて小野田のところへ向かい、夜まで帰社できないという状況が続きます。しかも、近藤が家を訪ねても、まったく書けていないため、いくらノックしても、「小野田はただ今おりません」という返事が家の中から本人の声で返ってくる。そんな中でも辛抱強く原稿を待つことができたのは、「やはり小野田さんの書いてくるホンが素晴らしかったから」だといいます。それならば、自身は苦労してでも待つしかない。

ただ、撮影現場はそうはいきません。台本が来なければいつまで経っても撮影に入ることができないからです。そのため、演出陣との板挟みになり、近藤は何度も彼らと喧嘩することになります。

「お前がホンを取りに行ってるのに、ちっともホンが来ないじゃないか！」

そう怒鳴られて近藤もどうにもなりません。そういう時は「そんなこと言うんなら、てめえら行って取ってこい！」と怒鳴り返すこともありました。

豪華キャストで自由なコメディを

主人公の吉宗役には当時まだ若手だった浜畑賢吉が配されましたが、その脇は豪華です。森繁久彌、三木のり平、伴淳三郎、沢村貞子、笠智衆、笑福亭仁鶴、三田佳子といったバラエティに富んだ面々が顔をそろえました。

「これまでのどの時代劇をぶつけても絶対にかなわないというぐらい、ものすごい役者を集めたんですよ。いわゆるコメディで名優と言われる人は、ほとんどあの作品に出ています。森繁さんから始まって、のり平さんから伴淳さんまで、全部出てます。全部集めたの。そうしないと、つまり非常に堅苦しい話にしかならない。天下を盗み取ろうって話ですからね、これをコメディでやろうとしたんですよ。

喜劇って、ドタバタということではなくて。単なるドタバタにしないで、要するに日本の天下というものを治めるのはどういうことなのか。で、その当時の天下というのはどういうものなのか。そこらをしっかり描くということは考えていました」（近藤・談）

当初のプランがそうした既存の時代劇の枠をはみ出したものであったため、現場サイドも様々な工夫を凝らして演出をすることになります。

「小野田さんはもともとバラエティの人ですから、時代劇を現代風に描くことのできる面白いストーリーテラーですよ。『え？』と思うような人間関係が毎回毎回あってね。紀伊国屋文左衛門とか、元禄という時代の中で出てきた人たちが、どこかで絡み合っていくんですよ。それでメインになってるのが吉宗と、その吉宗の御落胤《ごらくいん》の天一坊《てんいちぼう》。そこに父と子の確執があり、最後に天一坊が吉宗に会うという、そこへ行く大きな流れはもちろんあるわけだけど、それに絡んでいく登場人物が本当に多彩で。あれは時代劇の傑作だと思いますよ。もう映像も何も残ってないけど。

Ｂ級な時代劇映画の要素とか、落語とか、歌舞伎とか、もういろんな日本の娯楽要素を取り入れて演出しました。音楽は冨田勲さんにすごくモダンな音楽を作ってもらったんだけど、一方で落語のお囃子《はやし》だけを効果音に使うとか、試みとしては好きなようにやってました。だから作っている側も楽しんだ。時代劇作法なんかあまり気にしなかったですね」
（清水・談）

大河ドラマが重厚さやテーマ性を求められる一方、「金曜時代劇」は自由な娯楽性に貫かれていました。そして翌年、とんでもない作品が現れます。

『天下御免』（一九七一〜七二年）

早坂暁の登場

『男は度胸』は現代のバラエティ番組的な乗りを時代劇に持ち込んだ作品でした。そして、それをさらにエスカレートさせたのが翌七一年から七二年にかけて放送された『天下御免』です。江戸の発明家・平賀源内を中心とした若者たちが様々な困難にぶつかっていく物語で、脚本はまだ一介の若手だった早坂暁が担当しています。

チーフ・ディレクターは、『天と地と』の岡崎栄が務めました。

「僕のところに企画が持ち込まれた時点では、まだ普通の時代劇として作る予定だったと思います。平賀源内を主人公にしたら面白い時代劇ができるんじゃないか。そのぐらいのことでしかなかったんですよ。
ただ、僕は時代劇の作劇、あるいは作法のことはほとんど何も知らないんです。それで、『俺は時代劇の知識はないんだよな』って企画部の人間には言ったんだけど、『源内は江戸の三奇人の一人で、相当変わったことをやった人間なんだから、知らなくてもいいんじゃないですか？』って言われましてね。それで引きうけたんですよ」（岡崎・談）

第一話には、早坂だけでなく佐々木守も脚本にクレジットされています。

「僕のところに話が来た時には……たしか橋田壽賀子さんが候補の作家の中心にいました。橋田さんもやる気で。ただ、橋田さんで時代劇はどうなんだろうってちょっと心配していたら、早坂暁さんと佐々木守さんが入ることになった。ただ、佐々木さんは『佐々木守らず』、早坂さんは『遅坂嘘つき』って呼ばれるくらい、二人とも原稿が遅い。だからプロデューサーたちとは『橋田さんだけが頼りだよね』と話していました」（岡崎・談）

ところが、脚本執筆が始まってしばらくして、頼りの橋田が降板を申し出てきます。そのため第一話は佐々木守が書く予定でしたが、ここで「佐々木守らず」の本領が発揮されてしまいます。

佐々木は既にシノプシス（あらすじ）を書いており、岡崎もその出来に満足していました。が、佐々木はそこから先がまったく進まず、脚本の形に完成させることができませんでした。このままでは放送に間に合わなくなる。そこでＮＨＫは佐々木には降りてもらうことにして、当初は三番目の脚本家として位置づけられていた早坂暁が一人で全話を書くことになったのです。

「でも、結局は早坂さん一人になってよかったと思います。彼は原稿を書くのはめちゃめちゃ遅いんだけれども、できあがったものはすごく面白い。ですから、脚本がギリギリになってきたとしても、安心して待つことができました。こっちがそれなりに対応すれば大丈夫だったわけです」（岡崎・談）

執筆の間、早坂は渋谷のＮＨＫの近くにある東武ホテルで暮らすようになります。ただ、その執筆はなかなか進みませんでした。

岡崎が部屋に原稿を取りに行った際、ノックしても出てこないことがありましたし、「できたところをドアの下へ出しておくからさ」と言われたので行ってみたら、何も出ていないということも毎回のようにありました。そんな時、早坂は「あ、ごめん、ごめん。書いたんだけどね、面白くないから捨てちゃった」と言い訳をしていたといいます。

脚本ができなければ撮影スケジュールの調整に影響が出てきます。後に大河ドラマ『武田信玄』などを演出する重光亨彦は演出補としてその任に当たっていました。

「毎週撮りがあって、その準備で連続ドラマは大体しんどい。一番しんどかったのは『天下御免』です。早坂さんのホンが遅いから、えらい迷惑で。脚本ができた日はもう稽古の日とか、そういう感じですから。

遅いホンの場合はこういう役が出るというのを予め聞いておいて、早めにキャスティングしてスケジュール押さえて、それからホンが上がってから具体的にスケジュールを組んでいくんですよね。キャスティングしながらスケジュール組むと、一週のうち、二、三日しか役者たちを合わせられる日がなくなります。ですから、睡眠不足になりましたよ」（重光・談）

タイトルとキャスティング

オリジナル作品なので、タイトルも自分たちで付けることになります。

取材で岡崎たちが平賀源内の故郷、四国の志度浦（現・香川県さぬき市志度）に行った際のこと。案内をしてくれた地元高松の観光課の人たちと食事をしていたところ、「タイトルをどうするか」という話になりました。

その際、岡崎は観光課の一人に「平賀源内みたいに目茶苦茶なことをやっていた人間って、こっちの方言ではどう表現するんです？」と聞いています。返ってきた答えは「はちはん」。つまり、八つのハンコを押すほどの、「太鼓判の変わり者」だということです。その呼び名に興味を持った岡崎が「え、はちはん？　それはたとえば東京の言葉に直すと何ですかね」と聞くと「天下御免ですかね」ということでした。

そこで最初は『はちはん、または天下御免』というタイトルが付けられます。が、段々と打ち合わせを重ねていくうちに「はちはん」が不要に思え、『天下御免』に落ち着きました。

「タイトルに『ん』が入ると運がついて当たるっていう伝説があるんですよ。『天と地と』がそうでしょう。『ん』が入ってる。で、『見ろ、『天下御免』なんて二つも『ん』が入って

る』みたいなことでね。それもあって『天下御免』に決めたんですよ」（岡崎・談）

平賀源内に山口崇をはじめ、林隆三、津坂匡章（現・秋野太作）、中野良子と、主人公グループのほとんどは当時無名の若手俳優ばかりがキャスティングされました。

「実はＮＨＫの中では相当に心配されたんですよ。山口崇と林隆三と中野良子ですからね。中野良子は民放の『大忠臣蔵』で蕎麦屋の娘をやっていた。で、それをたまたま見ていて、『この子、いいな』と思った。当時、三船プロにいたんですが、一度ＮＨＫに連れて来てもらって会ってみたら、すごい目がキラキラしていて。もうその会った瞬間に、『あ、決めた』と思いました」（岡崎・談）

ＮＨＫ時代劇はこれまでも挑戦的なキャスティングをしてきました。が、主要なキャストが全て無名な新人というのはさすがにありませんでした。そのため、「本当に大丈夫なのか」という声も上がります。それでも岡崎は「せっかく新しい時代劇をやるのに、既成の俳優では絶対やりたくない」と、これを突っぱねています。

「津坂くんはある程度心得あったんだけれど、山口崇くんにしても林隆三くんにしても、あまり時代劇の心得がなくてね。だから所作とかを一から勉強して入ってもらいました。彼らも新人だから、一生懸命に勉強してくれた。ただ、実際にスタジオに入ったら、『あれ？　習ったのどこか行っちゃったよ』って、無茶苦茶な芝居をするんだ。でも、それも面白かった」（岡崎・談）

エスカレートする「自由」

主人公たちはいずれも表社会には居場所はなく、江戸の河原の橋の下に「自由軒」という掘っ建て小屋を作り、思い思いに勝手な暮らしをしています。そして、そこを根城に若いバイタリティをもって様々な社会の矛盾に挑んでいくのです。それは、「自由を求めての闘い」でもありました。

「主人公たちがいるところは、早坂流に言えば『番外地』です。そういう自由な番外地に彼らは住んでいた。そうなると、構え方としてもオーソドックスなものではなく、『自由な時代劇』という構えになっていくんですよね」（岡崎・談）

そして作り手たちは時代劇のタブーとされてきたことを無視して、「現代」の要素を遠慮なく江戸時代の描写の中に取り入れていきます。『太閤記』の際、吉田直哉は新幹線を冒頭に走らせるという演出で「過去と現代との対話」を表現しようとしましたが、本作ではそれをさらにコミカルかつラディカルに強調していったのです。

その発端は演出家と脚本家の間での意地の張り合いでした。

第一話の冒頭、早坂は脚本に平賀源内の銅像を登場させています。これに対し、岡崎は「四国高松まで行って、ただ銅像を撮ったってつまんないよな」と考えました。そして「銅像の上にカラスがとまっているという映像を撮りたい」と提案します。

しかし、そんなに都合よく銅像にとまってくれるカラスが現地にいるとは限りません。そこで岡崎は、羽の先を切って飛べないカラスに首輪をつけて東京から連れていきます。そして、梯子《はしご》から平賀源内の銅像の上にカラスを乗せたところ、カラスは解放感いっぱいで羽を伸ばしたり羽づくろいしたりして自在な芝居をやってのけたのです。

さらに、岡崎は第一話のラストでも思い切った演出をしています。第一話は源内たちが故郷から長崎へ舟で去っていく場面で終わるのですが、「それだけではつまんない」と考えました。そこで、セットで撮った百石《ももさか》船の映像に加えて、現代の高松港を出発するフェリーの映像をミックスしたのです。

ＢＧＭには、放送当時の流行歌である歌謡曲やフォークソングを躊躇なく使っています。水前寺清子をナレーションに起用したのも効果が大きかった。ただの状況説明ではなく、彼女のキャラクターそのままの、どこか芝居がかった講談調の節回しの語りが作品の自由さを助長して、盛り上げていきます。

「使っている歌には、その回で取り上げる世相を反映させるという狙いがありました。語りにチータ（水前寺清子）が入ったっていうこともかなり影響してるんじゃないですかね。彼女が語りをしているから、たとえば『三百六十五歩のマーチ』も平気で流せるんです。チータにしても『普通の語りだとつまらない』というのが根っこにあったんです。早坂さんに、『チータ、いいと思う？』と聞いたら、『面白いよ、それ』って乗ってくれてね。彼女は『え、私が語り？』って驚いていました」（岡崎・談）

こうした演出を試写で見た早坂は「ここまでやっていいのか」と感じ、そこからは脚本と演出とのアイディア合戦になっていきます。

たとえば「将軍が初めて象を見る」というシーンを早坂が書いてくる。それを受けて岡崎は「スタジオに象なんか入れられないよな」と考える。だからといってこのシーンを撮ることを諦めることはしません。

「ここは舞台劇みたいに、ぬいぐるみの象を出そう」と思い立ち、二人の人間が象の着ぐるみの前後に入って芝居をするという、歌舞伎のような演出をすることにしました。その結果、視聴者の目にはどう見ても着ぐるみの象なのですが、それを見ている登場人物たちは本物の象として扱っている――という、コミカルな場面ができあがります。

他にも、林隆三が「もう頭に来た！」と刀を振り回すと、自分たちが住んでいた掘っ建て小屋が屋台崩しで潰れる――という場面を早坂が書いてきたことがありました。

「こんなの、できる？」

早坂は悪戯《いたずら》っ子のように、そう聞いてきます。すると岡崎も負けじと「できる。やっちゃおう」と言って、セットを壊す工夫を凝らしていきました。

また、従来のドラマではナレーターはドラマの世界の外側に存在し、客観的な立場から語るというのが不文律になっていました。それを早坂は「水前寺清子が画面に出てきて義太夫風に語りをやったら面白いよな」と考え、劇中の画面にナレーターである水前寺を登場させてしまいます。もちろん、岡崎もこれに乗りました。

銀座のホコ天を歩く

江戸で起きる事件に現代の世相をなぞらえて描くエピソードも多く、公害やゴミ問題など、ビビッドな社会問題も『天下御免』は扱っています。ゴミ問題を扱った回では、当時の美濃部亮吉・東京都知事がそのまま都知事として出演しました。

アイディアは時代考証を担当する稲垣史生と相談をしながら進められています。こうした自由な作り方の作品のため、細かい部分の考証は大目に見てもらった上で、早坂や岡崎の思いついたアイディアの確認作業をお願いしています。江戸にもゴミ捨て場があり、生ゴミをどこへ捨てるかで大騒ぎがあった——ということも、稲垣の話から着想しました。

そこで早坂は、これを現代と変わらない「ゴミ戦争」として描くことができると考えました。そして「それならば、思い切って美濃部都知事も出してしまおう」ということになったのです。

「真面目に考えれば、なんで時代劇でそんなことをやるんだって話になると思います。でも、見ているほうは『次に何が出てくるんだろう』といういわゆる生感覚がありますし、作り手はそれが面白くてたまらない。そんな意識で作っていました」（岡崎・談）

この時は、スタジオが大騒ぎになりました。ゴミ捨て場をスタジオの中に作るわけだから、それも当然です。

「いいから生ゴミ入れろ！　たくさん入れなきゃしょうがないだろ！」

岡崎の指示の下、ダンプ二台分の生ゴミが一階のスタジオに持ち込まれることになります。悪臭は局内全体に回り、「どこからこの臭いは来てんだ？」「どうも一階のスタジオみたいだぞ」という騒ぎになっていきます。文句を言いにきた局員たちに対し、岡崎は「しょうがないじゃないですか。入れちゃったものはどかないもん」と開き直ったといいます。

ただ、一つだけ問題がありました。ここは江戸のゴミ捨て場。ビニールのゴミがあってはおかしいのです。そのため、スタッフたちはその大量のゴミの中から現代的なゴミを取り除く作業をさせられることになりました。

主人公たちが初めて江戸にやってくる場面では、役柄の扮装のままの彼らに現代の銀座の歩行者天国を歩かせています。

この場面、早坂の脚本には当初「四国から源内たちが出てきて江戸の町を歩く」としか書かれていませんでした。それに対して岡崎は「いっそのこと銀座の歩行者天国を歩かせちゃおう」と考え、時代劇の扮装をした俳優たちに歩行者天国を「おう、珍しい。江戸ってこんなとこか」と言わせながら歩かせたのでした。

「今と繋がる見せ方っていうのは、僕がずっと意識していることです。時代劇でありながら、どこかでドキュメント性を持たせることは絶対に外したくなかった。そのことはスタッフにも言っていまして、一回目が出来上がったのを見た時点で、スタッフがビックリして、『おお、そうか、こうなっちゃうんだ。よーし、やるぞ！』と盛り上がってくれたんです」（岡崎・談）

過去をリアルに描くことよりも、「時代劇を通して現代を描く」という視点を前面に出していく。それをここまで徹底して作り上げていくという手法は、従来の時代劇にはありませんでした。

この時期のＮＨＫ時代劇は、時代劇史において明らかに新たな文脈を形成していたのです。

『赤ひげ』（一九七二～七三年）

黒澤明への挑戦

この時期のＮＨＫ時代劇は、時代劇の世界を通して現代の問題を描く作品が続きます。翌七二年の『赤ひげ』も、ジャーナリスティックな批判精神を時代劇に仮託した作品です。

原作は山本周五郎の『赤ひげ診療譚』。小石川療養所で貧しい人々のための医療に従事する人情家の医者「赤ひげ」と、彼に反発する長崎帰りのエリート・保本の姿が描かれます。

本作を企画したのは『鞍馬天狗』でさまざまな交渉を成功させた吉岡利夫です。吉岡は当初、別の企画を考えていました。

「最初は違うものをやろうとしてたんです。高橋英樹主演で『尻啖え孫市』。司馬遼太郎さんの雑賀の鉄砲隊を扱った小説です。

ところが、当時ドラマ部長だった川口幹夫さんが『お前、司馬遼で企画してるらしいけど、大河に譲ってくれ』と。こちらの発表をする四か月くらい前のことですよ。しかも、ついでに『高橋英樹のスケジュールもあるよな』って。つまり、原作も主演俳優も『国盗

り物語』に持っていかれたんです。構想を立てて、プロットも作っていたのに」（吉岡・談）

困った吉岡の頭に浮かんだのが、山本周五郎の『赤ひげ診療譚』でした。

当時の新聞に掲載された、日本医師会の会長が「往診をしない」という方針を語っていた記事を吉岡は読んでいました。かつて医者は病院以外にも様々なところを訪ねて往診をしていました。それを正式にやめるという。その理由は「医者も人間だから」。往診までしていたのでは身がもたなくなるというのです。

それを聞いて吉岡は「違うだろう」と思います。「医者は人間かも知れないけど、患者にしてみれば人間ではない」と。そこで、時代劇でこの問題を取り上げようと考え、『赤ひげ』を原作にしようとしたのです。

ところが、ドラマ部内で内々に企画を打診してみたところ、「ばかやろう。お前、何考えてるんだ。黒澤明の名作があるじゃないか。そんなのがテレビでできるか」という意見が返ってきます。たしかに『赤ひげ』は、黒澤明監督が六五年に三船敏郎主演で映画化しており、大ヒットすると共に不朽の名作として今でも語り継がれています。そんな『赤ひげ』を映像化するということは、黒澤明と対峙するということでもあります。

また、「たった八話きりしかない原作で年間五〇本から五二本をどうやって作るんだ」という意見も出ます。これには吉岡も言い返しました。

「本の活字の大きさでドラマは作らないだろう。行間で作るんだよ。一言でも書いてあれば、ドラマになるんだよ！　俺はいい作家も知ってるからできる」

　こうして、吉岡は企画を通していきました。

　その「いい作家」こそ、倉本聰でした。ＮＨＫではすでに『文五捕物絵図』で多くの名作エピソードを書いていましたが、キャリア的にはまだ浅く、気鋭の若手脚本家の一人という位置づけでした。吉岡は倉本と気が合う間柄で、何でも言い合える関係。その実力を高く買っていました。

「お前、手伝わない？　本当に困ってるんだ。あと四か月きり、時間がねえんだよ」

　吉岡の頼みに「いや、待て待て。何やるの？」と倉本は尋ねます。それに対して吉岡が『赤ひげ』の名前を出すと、「げっ」と言って言葉を失ったといいます。そして、ようやく発したのは次のような言葉でした。

「あれはお前、黒澤さんがやったんだぞ。俺たちがどうやるのよ」

　この言葉に吉岡は逆に脈を感じました。黒澤とは異なる『赤ひげ』像を提示できれば、倉本は動くはず――。

「黒澤さんの『赤ひげ』は人間として完全すぎる。そんなわけはないと思う。どんな名医だって人間なんだから、もっと人間臭さがあるはずだ」

吉岡の話に倉本も乗ってきます。

「じゃあ、黒澤さんから一転して人間らしい『赤ひげ』にしちゃおうか。清廉潔白じゃないことにしよう。それならできるよ」

波乱のキャスティング

主人公の赤ひげ役はベテランの名優・小林桂樹が演じることになりました。

「誰にするかなかなか決まらなくて困ってね。それである日、テレビを見ていたらボウリング番組があって。そこで小林桂ちゃんがボウリングやってたのよ。それで『あれ？　待てよ。このままで『赤ひげ』にいい』と思った。ボウリングを投げる時の目が鋭いんだ。芝居でも、普段は優しい顔をしているけど、怒った時にガッとすごい目ができる。『これだ』と思った。倉本に話したら、彼も『いいね』と言ってくれた」（吉岡・談）

小林は同じ東宝の専属スターとして三船敏郎とは何度も共演しています。黒澤作品にも出演しています。それだけに、当初は出演に迷いがありました。吉岡が依頼した際には、最初は断ってきたといいます。

この時、同席していた倉本が口を開きます。そして、「完璧な赤ひげではない」という、黒澤の「赤ひげ」像との違いを滔々《とうとう》と説明しました。これに小林も納得し、出演を引き受けたのです。

赤ひげと対立するエリート助手の保本の役は藤岡弘で決まりかけていました。それが、あおい輝彦に変更になります。

「これはね、なかなかいい候補がいなかったんですよ。そんなある日、某新聞の記者が面白いことを言ってくれたの。それは当時『仮面ライダー』をやっていた藤岡弘が『仮面を脱ぎたがってる』と。ただ、それをやめさせるよう説得するのもむずかしい。そうしたら、その記者が『これはプロモーションにもなるから』ということで『藤岡弘がＮＨＫの『赤ひげ』に出るかもしれない』という飛ばし記事を書いたんだ。

そうしたら、藤岡さんもやる気になってくれたんだ。『東映に談判する』とまで言ってくれて。ところが東映から『それは待った』と。それで話が消えたんだ」（吉岡・談）

困った吉岡を救ったのが、倉本でした。

「あおい輝彦が行けると思う」

当時のあおいはジャニーズ出身の歌手というイメージが強く、まだ俳優としての実績はありませんでした。が、倉本の直感が、あおいに可能性を感じさせたのです。俳優としての演技に不安があった吉岡は躊躇しましたが、他のスタッフたちも倉本の意見を聞いてあおいを推してきたため、押し切られる形になりました。

黒澤の映画版とは異なり判断ミスもするし、自らの決断に葛藤する人間臭い「赤ひげ」＝小林と、寡黙で純粋な雰囲気を放つ保本＝あおいのキャスティングは上手くハマり、新たな「赤ひげ」の世界を提示することに成功します。

医は仁術か技術か

「医者は患者の前で神である」「その前に医者は人間である」、「医は仁術か」「医は技術か」――シリーズを通して赤ひげも保本も、そのことで対立し、またそれぞれに悩み苦しみます。彼らの姿が突きつけてくるのは、現代の医療問題そのものです。

「大病院の医者はデータ重視ですよね。パソコンの画面しか見ない。僕も去年（二〇一四年）入院したんですけど、医者は病室に来ても診察など一回もしないんです。で、近所の診療所の先生は診察してくれる。赤ひげはそういう医者なんですよ。『医は仁術なり』のお医者さん。で、保本は『医は技術』だと思う。僕はそういう構想でいましたし、これは今もある問題だと思うんですよ。

人間として癒されていく。慰められていく。本当に効かなくても効いたような気になる。そういうのがやっぱり必要な場合もある。それから、技術で治していく。これも必要です。人間の対称軸で、この二つは医者に限らず全てにあると思う。この軸の対照を鮮明に出すと、ドラマは成立する。だから、どっちかが重くなるという捉え方はしませんでした。

このテーマは時代劇だからできたんです。『医者は神様だ。往診をするべきだ』って現代劇でやったら、医師会に怒られます。時代劇という背景で描いたから、騒動になってる最中でも堂々と言えた。僕が時代劇に魅力を感じたのはそこです。現代から形を変えているから、いろんなことを物言うことができる」（吉岡・談）

疲れ切った保本が救急の診療を断ったために起きる赤ひげとの対立と和解を描いた第一九話「ひとり」は、特に吉岡や倉本が当初に志した「医師は神か人間か」という問題を前面に押し出した内容になっており、芸術祭優秀賞やテレビ大賞優秀番組賞を受賞するなど、高い評価を得ます。

こうして、『文五』から続く「ジャーナリスティックな時代劇」というNHK時代劇のスタンスは、一つの完成形を成すことになったのです。

『ふりむくな鶴吉』（一九七四〜七五年）

前向きなヒーローの誕生

これまで、「時代劇に現代の問題を仮託してドラマを描く」というジャーナリスティックな視点で制作を続けてきた「金曜時代劇」ですが、その後は段々とエンターテインメント性を強めていきます。

その先鞭をつけたのが七四年の『ふりむくな鶴吉』。原作のないオリジナル作品で、沖雅也を主演にしたヒロイックな捕物時代劇でした。ディレクターは『鞍馬天狗』を担当した岸田利彦が務めています。

「沼野芳脩プロデューサーと話し合い、『カッコいい時代劇にしよう』ということになりました。早速、杉山義法を中心に四人の若い脚本家に加わってもらい、連日の討論会でした。主役はモデル出身の沖雅也。初めてメーキャップして衣装着てスタジオに現れた時は

『おお』って私も驚いたくらい、カッコいい岡っ引きになっていましたね」（岸田・談）

岸田たちが狙ったのは、これまでジャーナリスティックな視点で作られてきたＮＨＫ時代劇と一線を画す、痛快な娯楽時代劇でした。

「面白くて、人間的に魅力があって、義侠心があって、見て楽しくなるような時代劇を狙っていました。

時代劇の登場人物は、どんな端役に至るまで当然みんなもういない。その世界をわれわれは今の空間から見ている。それでも、今の人間と気持ちの共通性があったり、あるいは、もっと素晴らしいものを昔の人は持っていたのかもしれない。義理人情の世界でちょっと目こぼしをしたり……というような。そういった情の世界も少し入れようと思いました。岡っ引きは岡っ引きの情があり、庶民は庶民の情があって、そのへんが絡んでいくことを狙っていくと、いい線でできるんじゃないかと思ったのです」（岸田・談）

従来の時代劇ならば「鶴吉捕物帳」のようなタイトルになるところを、「ふりむくな」と主人公にメッセージを投げかけるようなタイトルにしているのも新しい。その背景を、ディレクターとして参加していた松尾武はこう解説します。

「四、五人の演出グループで『何か前向きな形の岡っ引きドラマを作りたい』という話になったんです。『そんなもん、いちいち後ろ振り返ってられっかよ』っていうような主人公像にしたいということで、『じゃあ、『ふりむくな鶴吉』にしよう』ということに決まったんです。

要するに、青春解決編ですね。闊達に、一つのことを行動的に解決していく。理屈を言うんじゃなくて行動で示していく。体を張っていくわけですね。だからチャンバラも多かった。謎解きの要素は少なかったと思いますよ」（松尾・談）

西田敏行の抜擢

本作では、鶴吉の下っ引き・寅吉役で西田敏行が出演、ＮＨＫ時代劇では初の大役となりました。

「当時から青年座の座長的な立場にいて、人格的にも円満な方でした。たとえば『一〇時に来てください』と言っていたのが、前が押して撮影開始が一時になってしまうことがあります。そういう時でも西田さんは和やかに将棋でもやってくれていたので、われわれ演出連中が気にならない俳優さんでした。気になる方もいらっしゃるわけでね。『なんでだ！』と、もう怒られる。そういう時、演出が怒られる役ですから。そういう意味では、西田さんはＮＨＫの事情を理解していただけた俳優さんの一人じゃないかなと思います」（松尾・談）

後に大河ドラマ『武田信玄』『葵 徳川三代』で西田と組むことになる重光亨彦も、この時のディレクター陣の一人として参加しています。

「撮影が終わって『飲みに行こう』ってカラオケやるんですよ。そうすると、もうプロ並みにうまい。その頃はまだ歌手としてはデビューしてませんからね。これはかくし芸にしちゃすごいなと思ったのが印象に残っています。俳優としては頭角を現し始めたぐらいですよね。スタジオでもわりと沖雅也さんを立てて、笑いを誘うような感じで芝居してくれました」（重光・談）

物語は連続したものではなく、複数の脚本家・ディレクターの手による一話完結の読み切りスタイルで各話は構成されています。原作がないだけに、それぞれが思い思いの作劇をすることができたといいます。

「一話読み切りで単発性の強い話になっています。事件はそれぞれの演出者が考えて、作者とオリジナルで作り上げるという作品でした。プロデューサーの沼野芳脩さんの指示にしたがって、二か月ぐらい前に提案して、それから作家と打ち合わせしてホン作りして、それで自分で演出をする。空いた時は別のディレクターのアシスタントをやりながら、みんなでローテーションで仕事をしていました」（松尾・談）

本作の成功により、「金曜時代劇」はジャーナリズム性よりも娯楽性の強い作品が中心となっていきました。

『風神の門』（一九八〇年）

勝手なことをやる

「金曜時代劇」は一九七八年に「水曜時代劇」に枠を移し、それまでの一年一作品から半年クールの作品体制に変わります。そして一九八〇年代に入ると、この編成を活用した企画立案が見られるようになりました。

それは、一人のプロデューサーが一年間全体の（四月スタートのため年度単位での）時代劇枠の管理をし、前半の半年と後半の半年とで、別の企画をしていくというものでした。そして、八〇年度と八二年度は前半に野心的な企画、後半に安定感ある企画という配置がなされています。

八〇年の前半は、司馬遼太郎の同名小説を原作にした『風神の門』です。真田十勇士の一人、霧隠才蔵を主人公にした忍者アクション。プロデューサーの村上慧は、才蔵役に当時まだ新人同然だった三浦浩一、ヒロインにはモデル出身の小野みゆきをそれぞれ抜擢しています。

「あの企画は、当時、小川淳一さんというドラマ部長がいてね、『お前、これ、面白いからやってみないか』と勧められて始めた企画でした。

三浦浩一と小野みゆきは大変でした。あの時は二人とも演技がそんなに上手くなくて。しまったなと思ったけど、もうどうしようもないもんね。小野みゆきはモデルをやってたんですよ。それで、『なんかカッコいいから、これにしよう』って勝手に決めちゃってね。

そうしたら慣れてないから参りました、あの二人には。
それでも、小川部長や川口幹夫芸能局長が許容範囲の広い人たちで、『面白い。このままやってみろよ』と言ってくれたからやれたんですよ」（村上・談）

主題歌には、当時「大都会」を大ヒットさせていたロックバンド、クリスタルキングを起用。現代的な娯楽性の強い装いになっています。

「クリキンは、彼らの音楽を聴いていたんですよ。それがカッコいいんで『これにしようよ』と閃いて決めました。当時は、そういうことをしても、部長が『はいはい』ってすぐOKしてくれて、勝手なことをやらせてくれました」（村上・談）

そういう村上もまた、現場スタッフたちに好きなことをやらせていたようです。演出陣の一人として参加していた吉村芳之は、当時を次のように振り返っています。

「村上さんはホン作りの段階から僕たち若いスタッフを参加させて、いろいろ意見を言わせてくれました。ただ『このホンのここがいい』とか『これは面白い』とかいう感想を聞くんじゃなくて、『どういうふうにしたいの？　アイディアを出せ』って言ってくれるんです。そういう、作家を囲むディスカッションに僕らを取り込んでくれました。しかも、自分の回だけじゃなくて、人の台本の時も『なんでも意見を言え』って。そうやってみんなで作っていったので、その過程でいろいろとアイディアが出てきたんです」（吉村・談）

脚本を担当した金子成人は、これが初めての時代劇となります。三〇歳になったばかりの若手でした。金子と演出陣は原作を大幅に脚色し、忍者同士の奇想天外なアクションが連続する冒険活劇ドラマとなりました。

「金子さんは、アイディアの宝庫ですよ。もう、次々とアイディアが出てくる」（村上・談）

「金子さんもすごく若くて、みんな何だかんだ言いながら脚本を作り、現場でもいろいろ楽しんだというか、好きに撮らせてもらいました。忍者ものですから、けっこう荒唐無稽なこともできました。とにかく若いことを強調しようというドラマでしたから、外に出て走り回るということを意識していましたね。ＮＨＫの殺陣を変えたいという意識でやっていました」（吉村・談）

ただ、そのために村上は司馬の怒りに触れてしまい、何度も呼び出されています。

「俺の原作になんてことをするんだ」

そのたびに村上は平身低頭で謝りましたが、それでも決して現場の自由を制約することはありませんでした。

『御宿かわせみ』（一九八〇～八一年）

今度はちゃんとする

「残りの半年はその代わり、きっちりした時代劇をやれ」

『風神の門』で好き勝手にやった村上慧に対し、小川部長からそのような指示が出ました。そして、小川部長から「これをやれ」と言われて制作することになったのが、平岩弓枝原作の『御宿かわせみ』でした。

若くして父を失い江戸の大川端に旅籠《はたご》を営むようになったヒロインるいと、その幼馴染で奉行所与力《よりき》の弟・東吾との恋模様が、人情と情緒の中で綴られていく捕物時代小説です。アクション満載だった前作の『風神の門』とは一変した、まさに「きっちりした」作品です。

「ああいう冒険できない作品は、僕としてはあまりやりたくなかった。でも、まあしょうがないから、『はい、分かりました』と言って引き受けました」（村上・談）

平岩も『風神の門』は見ていたようで、村上は挨拶に行った際、「あんな変なものやらないでしょうね」と釘を刺されたといいます。もちろん、村上は「ちゃんとやります」と答えました。

「原則としては、忠実にということです。ですから、あまり考えないでわりとちゃんとやりました」（村上・談）

それでも、キャスティングではヒロイン役に別の女優を推薦する平岩を無視して村上は真野響子を起用しています。当初は——村上の話によると——平岩は嫌がったということですが、それでも押し通すことができたのは、村上の父・元三が時代作家として平岩と同門の先輩だったというのも大きかったようです。

「真野響子を使ったのは、宇野重吉先生の推薦なんですよ。『お前、劇団民藝にいい子いるから、使えよ』って言われて、『はい』って従ったんです。そうしたら着物での芝居に慣れていなくて、参りました」（村上・談）

東吾役には小野寺昭、その友人で同心の畝《うね》源三郎役には山口崇が起用されています。

「小野寺昭は『太陽にほえろ！』を見た時に『クセがなくていいな。彼にしよう』ということで決めました。でも、これも平岩さんにはずいぶん怒られました。だから、山口崇は平岩先生のお気に入りということで起用しています。バランスを取ったんです。プロデューサーはそういうバランスを取らないと絶対だめですから」（村上・談）

江戸の匂いを出す演出

撮影は、ロケはほとんど使わずにスタジオのセットで行われました。それでも、そこには柳の並木や虫の鳴き声、風鈴の音など、情緒あふれる空間が作られています。演出は多くの大河ドラマを手がけてきた清水満が担当しています。

「まったくスタジオだけで撮影しました。スタジオでどうやって江戸の匂いを出すか。物売りの声とか効果音とか、そういうのを上手く入れて季節感を出していくことを考えましたね。音の広がりはずいぶんと意識したと思います。
そうやって、平岩さんの原作に描かれた江戸情緒を生かしながら演出しました。すでに失われてしまっている日本人の愛憎の機微の細やかさ、優しさ、温かさ……そういう日本人の根幹にある良さを展開していこうという考えですね。人間の愛憎の問題が描かれていてその中に若きカップルの捕物の話が組まれている。でも、捕物としての面白さは狙わずに、人間の心の機微の細やかさを描くことにこだわっていきました。いわゆる人情劇ですよ」（清水・談）

清水は本作で江戸情緒をしっとりと描いたかと思えば、八〇年の大河『獅子の時代』（後述）では手持ちカメラを使って荒々しく幕末から明治の人間模様を映し出しています。さらには、かつての『新・平家物語』では絵巻物のような世界を創出しており、演出する世界の幅が広いディレクターです。

「あんまり演出のカラーを決めてないんですよ。注文されたら、その注文にどうやって応じようかという、職人意識のほうが強い。この作品はこう作ったほうが面白いとか、その都度変わってきています。ですから、流れで見ると、時代劇っぽいのもあるし、現代劇っぽいのもあります。テレビの演出家というのは、そういうことを要求されるところも多かった。特に連続ドラマの場合、幅広く何でもこなせることも大事でした。絶対に自分の世界を壊さないという人ももちろんいるわけですが、そういうスタンスでいたら、こんなにたくさんはできません」（清水・談）

当時のＮＨＫ時代劇にしては珍しい、情緒や人情を前面に出した作品でしたが、まったく違和感なく江戸風情を表現。ＮＨＫ演出陣の時代劇演出の底力を感じることができます。

『立花登　青春手控え』（一九八二年）

中井貴一、初の時代劇

続く一九八一年度の作品は後に回し、八二年度の二作品を先に取り上げます。この年度のプロデューサーを任されたのは、『ふりむくな鶴吉』のディレクターを担当した松尾武でした。

前半の半年は藤沢周平の小説を原作にした『立花登　青春手控え』。

牢獄の囚人を診察する若い医師を主人公にした、一話完結の物語です。松尾は『ふりむくな鶴吉』の演出陣にも入っており、その際に採った「単発読み切り」のシリーズ構成こそがNHKの時代劇枠の基本形だという考えがありました。

ただ、ドラマ化を依頼した際、藤沢からは「すでに他の映画会社が映画化権を取っている」と言われてしまいます。そこで松尾はその映画会社に交渉することになります。そして「映画はまだ俎上に載せていないから、どうぞ先にテレビでやってください」と、映画会社から許可が出たので、改めて藤沢に申し出ました。

「それなら、ぜひお願いします。ただし、原作は十数本しかないので、自分の他のいろんな小説を適当に引っ張り出してリライトして構いません。作品集という形で結構です」

主人公には中井貴一が起用されています。当時は映画『連合艦隊』でデビューしたばかりの、新人でした。

「主役としては、『赤ひげ』の小林桂樹さんのイメージがあったんですよ。それで誰がいいだろうといろいろ探していた時に、佐田啓二さんの倅《せがれ》の中井貴一になったんです。たまたま『連合艦隊』を見て、いいと思ったんです」（松尾・談）

これが初めての時代劇となる中井の指導は、ディレクターの佐藤幹夫が当たります。

「中井君は、最初は運動神経がなかったんです。テニス部ですから運動神経はいいはずなんだけど、全然ダメ。歩きとか所作とかがどこか女っぽいんですよ。

所作の場合には先生もちゃんとつけて、小笠原流の立ち居振る舞いをちゃんと勉強してもらいました」（佐藤・談）

佐藤はよく現場で「現代人が衣装をまとって動いてるんじゃないよ」と口癖のように指導していたといいます。時代劇は、「過去の日本人」を表現することでもあります。それを中井に教える際、いくつか段階を踏ませていました。

その最初の段階が「外見から入る」ということです。所作や着ものの着こなしをまず学ばせる。そのために、家に帰ってからも着もので過ごしてもらい、慣れていかせることもあったといいます。その上で当時の貧しさや飢えといった精神的なものを教え込んでいく。演技については、それからでした。

ただ、演じる側として本作は難しい部分もあったようです。松尾としては、『鶴吉』の時と同じく、演出家と脚本家をそれぞれの回で組ませて、単発作品の連続というような編成を組んでいました。しかし、そのために、回ごとに演出家や脚本家たちの役柄に対する解釈が異なってしまうということが生じたのです。

「松尾さん、なんとかしてよ。僕はどっちに向かって走ったらいいんだよ」

松尾は中井に、そう泣きつかれることもあったといいます。

「『ふりむくな鶴吉』の時みたいに、『主人公はたえず前向き』というような条件がないんですよ。それから、牢獄を中心にした話なので、どうしても世界がしぼんでしまう。思ったより活動範囲が狭かったんです。その中で若さゆえに動き回っていくという方向に持っていくのは、脚本も大変でした。こちらも『もっと跳びはねさせてください』と脚本家たちに言ってはいたのですが、難しかったですね」（松尾・談）

『御宿かわせみ2』（一九八二〜八三年）

プロデューサーの交代

八二年度の後半を担ったのが『御宿かわせみ』の第二シーズンでした。ＮＨＫ時代劇としては初となる、続編の制作です。プロデューサーは村上慧から松尾武に代わりました。
「あれは原作がちゃんとしているから、僕としてはあんまりやりたくないんだ。それで、松尾が押しつけられてしまった」（村上・談）
松尾としては、これを引き受けたのには計算もありました。すでに一定の評価と世界観の定まっている『かわせみ』が後半に控えているから、ここは苦労は少ないだろう。それならば、前半は冒険ができる――。『立花登』を企画できたのは、そうした背景もあったのです。
「そりゃ、『立花登』だけという提案なら、ＮＨＫの上層部もいろんなこと言うだろうと思ったんです。『暗い話だ』とか文句を言われても、『はい。でも次は『御宿かわせみ』をやるから大丈夫』と言って逃げることができますから。そこで取り返せる算段がありました」（松尾・談）
松尾と村上とは若手時代から仲が良く、村上から『かわせみ』を受け継ぐに当たり、両者の間では次のようなやりとりが交わされています。

「村上さん、どうやってやったらいいんだよ」

「『御宿』は色気なんだよ」

「色気つったって、真野響子に色気なんかあるのか」

「いやいや、それはそれで、そこを甘ーく持っていくのが大事なんだ」

それでも、松尾としては前シリーズを踏襲しつつも、何か違いを出したいという欲求もありました。そこで考えたのは、ディレクターの登用です。前シリーズがベテラン勢を中心に作られたのだとしたら、今回は若手ディレクターたちを積極的に起用していく——ということです。

そして、「もう何でもいいから好きに作れ。平岩さんの原作で使えるものは俺が先生に許可をとってくる」と彼らに伝え、同時に、彼らが作りやすいよう、演出のスタイルには縛りを入れさせず、それぞれの回にふさわしい演出方法を認めました。

「これが面白いと思ったら、それを『御宿かわせみ』の中の事件として扱えばいいじゃないかと言いました。ただ、演出家がみんな若手だったものだから、作品としてはちょっとバラエティに富み過ぎたのもありましたけどね」（松尾・談）

それでも若手たちとしてはこの人情噺に乗り切れない部分もあったようです。『立花登』に続いての登板となった佐藤幹夫も、そんな一人でした。

「真似しちゃうといけないというか、コピーにはしたくないと思って最初のシリーズは見ませんでした。自分たちなりにるいと東吾との関係を面白くしたいと思って。でも、なかなか上手くいきませんでしたね。こういう人情物は、若い時にはすごく入りにくいんです。演出していて、まったく乗れない。設定が古めかしいですし、二人の関係も、『いい気なもんじゃねえか』みたいに思えてしまって。そんな話はやりたくないという、基本はそういう姿勢でいました。

でも、今見直してみるとよくできています。あまり私情に流されないで演出したのが逆によかったかもしれません」（佐藤・談）

『いのち燃ゆ』（一九八一年）

大阪発信の時代劇

冒険と安定とを交互に繰り返した一九八〇年度と八二年度の水曜時代劇を挟み込むように、八一年度と八三年度は従来のＮＨＫ時代劇とは異なる制作体制が採られていました。

ＢＫことＮＨＫ大阪が、ここにきて初めて時代劇を撮るようになったのです。

ＮＨＫ大阪が時代劇を制作するようになったのは、それまで年度の後半に放送してきた朝の連続テレビ小説の大阪枠が八一年度に一度なくなってしまったためでした。その代替として、時代劇の枠が用意されたのです。そして、八一年度、八三年度と、年度ごとに東京と交互に連続時代劇を作ることになりました。

プロデューサーを任されたのは、ＮＨＫ大阪で幾多のテレビドラマを担当してきた土居原作郎です。土居原は「大阪らしさを前面に出した時代劇」を目指し、次のような制作方針を立てています。

「建前の価値観にこだわらない、人間中心のドラマ」

「実績にこだわらない人物本位のキャスティング」
「全てにおいてざっくばらんに」

そして、第一弾となったのが『いのち燃ゆ』でした。
原作はビクトル・ユーゴーの名作『レ・ミゼラブル』で、これを江戸時代に翻案したものです。主演は柴俊夫。こうした座組は、玉居原独自の発案ではなく合議制で決められていきました。

「一人でどんどん進めていったということはまったくなくて、なんでも試してみようという気持ちでみんなと相談して決めていきました。そういう、ざっくばらんさを優先する合議制というのは、イコール大阪的やというふうに僕自身が考えるからね」（玉居原・談）

ただ、本作はNHK大阪にとって初の本格的な連続時代劇となるため、小道具やセットを含めて制作体制が間に合いませんでした。そこで、同じく関西にあって「時代劇の本場」とも言える東映や松竹といった各映画会社の撮影所スタッフたちに頼み、彼らに手伝ってもらいながら時代劇作りを進めていくことになります。

『なにわの源蔵事件帳』（一九八一〜八二年）
『壬生の恋歌』（一九八三年）

桂枝雀、時代劇に登場

　土居原は一九八一年秋からの時代劇枠で、さらに大阪色を強めた企画を立てます。それが、『なにわの源蔵事件帳』。原作は有明夏夫の『大浪花《だいなにわ》諸人往来』で、大阪を舞台にした捕物時代劇でした。

　舞台は明治初期の大阪。新しい警察制度になって身分のなくなった目明しや同心たちが、個人的な正義感で事件に向かっていくという話で、珍しかったのはそうした事件に「殺し」がないことです。日常のちょっとした事件が、喜劇的なおかしさと温かさで描かれていきます。

「お笑い精神を優先させる平和主義、イコール大阪的と考えたわけやね」（土居原・談）

ただ、「殺し」の絡まない捕物帳時代劇は、これまでのテレビシリーズではほとんどありません。それだけに誰よりも原作者の有明自身が不安がったといいます。

「これ、ほんまにテレビになりますかいな。殺しは一つも書いてませんし、色気もないときてますやろ。こっちで新たに殺しを入れていきましょうか」

そう提案してくる有明に対し、土居原はこう言って断ったといいます。

「殺しのない捕物帳って、いかにも大阪的やないですか。サッカーのように、むしろ不自由さを魅力にしましょうよ」

主人公の目明し源蔵役には、関西の落語家・桂枝雀が起用されます。

「たぶんアカンと思いますけど、枝雀さん、どないですか。あの頭やから親方やんのに散髪してもらわんでもええし」

これは、そんなスタッフの提案によるものでした。土居原も枝雀の芸に惚れ込んでいて、出演交渉に乗り出すことになります。

「滅相もない。どなたはんがおやりになるか、楽しませてもらうだけで、とても、とても」

枝雀は何度頼んでも首を縦に振らなかったといいます。しかし、最後は枝雀が尊敬する浪曲師の広沢瓢《ひょう》右《え》衛門《もん》が出演するなら――という条件で実現にこぎつけることができました。

ただ、枝雀は当初、落語と芝居の違いに戸惑うことがあったといいます。落語は全ての役を一人で演じるため、相手役のセリフを聞いている時にどうリアクションするのかが難しかったのです。

「噺家というもんは、いろんな人物を演じ分けるんですが、喋《しゃべ》る一方なんですな。人の話を聞くということが、どだいできませんのや。難儀なこってすな」

枝雀は現場でよくそう言っていたといいますが、そこは一流の芸人。自ら芝居の「間」も勉強し、リアクションにも開眼していくようになっていきます。

本作は好評を博し、八三年度後半の大阪時代劇枠では第二シリーズ目が放送されています。

そして、八三年度の前半は、新選組を題材にしたオリジナル作品『壬生《みぶ》の恋歌』でした。これもまた、「大阪らしさ」の出た内容といえます。

脚本を担当した中島丈博は、英雄譚として新選組を描くことを避けます。そして、近藤勇、土方歳三、沖田総司といったメインどころの隊士たちを脇に回して、架空の若き無名隊士を登場させ、彼らが貧しさの中で送る青春や恋模様の描かれる群像劇としています。歴史劇を描く際も、あくまで「庶民目線」から。それが、𡈽居原ならではの「大阪流」なのです。

隊士たちのキャスティングも、主人公役の三田村邦彦、近藤役の高橋幸治、土方役の夏八木勲を除くと、赤塚真人に、当時まだ無名だった渡辺謙と遠藤憲一、そして枝雀に続きこれが初めての本格的な俳優デビューとなる笑福亭鶴瓶と、思い切った抜擢組が揃っていました。

　こうして野心的な企画が続いた大阪発信の時代劇でしたが、東京単独で朝の連続テレビ小説枠を維持することが困難になってしまったことで再び大阪枠が復活します。そのために大阪での時代劇制作は止まることになりました。

　そして同時に、ＮＨＫの一話完結スタイルの時代劇枠もまた、いったん消滅することになります。

　その事情は、また後で述べます。

第五章　新しい歴史ドラマ

大河ドラマ『獅子の時代』（1980年）
異国パリの地で、嘉顕（加藤剛）と銃次（菅原文太）は
はじめて出会う。二人はやがて、宿命的な敵同士に……。
（写真提供：NHK）

『勝海舟』（一九七四年）

渡哲也の降板

ここで、再び大河ドラマに話を戻します。

一九七四年の大河ドラマは『勝海舟』。主に現代劇の脚本家として頭角を現しつつあった倉本聰が、幕臣・勝海舟の生涯を通し、幕末の人間模様を描いたものでした。

しかし、この作品はその内容だけでなく、主演俳優の交代、脚本家の降板という、ネガティブにもとれる状況に揺さぶられることになります。

その裏側で何が起きていたのでしょうか。ここでは四番手のディレクターとして参加した伊豫田静弘の証言を中心に述べていきます。

まず、主人公の海舟を演じる渡哲也が、青年期を終えたところで病気のために降板してしまいます。その代役には、東映のやくざ映画で活躍していた松方弘樹が立てられました。伊豫田ディレクターは、渡が最後に出演することになる第九回「幕臣」を演出しています。

この回では、蘭学書を読んだりして西洋にかぶれてばかりいる若き日の海舟に対して、父・小吉（尾上松緑）が「それでも幕臣か」と説教をする場面があります。それに対して、海舟は「私は幕臣かもしれない。しかし、幕臣より日本の国の人間です。日本人です」と言い返す。

この場面、渡はすでに病身を引きずっての、執念の撮影だったといいます。

「真摯な、青い青年が渡さんの演じた海舟でした。悩みに悩む青年像です。渡さん、最後はしんどそうでしたね。渡さんの出番は父・小吉の墓参のシーンで終わったんですけども、手を合わせている時もしんどそうでした。病院から抜けて、撮影に来ておられて。松緑さんとの父子の対決シーンも一〇分くらいの長丁場で大変だったと思います」（伊豫田・談）

そして、この次の第一〇回から松方弘樹の海舟が登場することになります。剛直で武骨な渡から、くだけた感じのある松方へという、雰囲気の異なる役者の交代です。そのため、松方の初出演シーンに当たっては、主人公の交代に対して視聴者に違和感なく受け止めてもらえるよう、倉本の脚本も細心の注意が払われていました。

まずこの回では、松方の海舟が登場するまでに時間をかけました。海舟の絡まないエピソードをいくつか入れることで、見る側に渡の残像を消させようとしたのです。

小吉が死んでからの三年間にペリー来航があり、歴史は大きく動きます。そこで倉本はその間の佐久間象山や吉田松陰らの動向を描くことにしました。その上で、象山が海舟に贈った「海舟書屋」の掛け軸アップからカメラが引いていくと松方の背中が映し出される。ここで初めて、松方海舟の登場となるわけです。これなら、劇中においても放送においても時間の経過を経ていますから、いきなり冒頭近く松方海舟が出てくるよりも視聴者に受け止めてもらいやすくなる——という狙いによるものでした。

「倉本さんは情感豊かな人間像とキレのいい構成力を備えた脚本家でした。私も毎回ワクワクしながら演出していましたが、この回でも見事な作劇術でした。

松方さんも、もちろん内心はいろいろあったと思います。でも、豪気な方ですし、東映で主役を張ってきた方だけあって——主役としての風格といいますか——間の捕まえ方というのはうまかったです。それから、俺は俺のやり方しかやりようがないみたいな開き直りというかね、そういうのは感じられました。だから渡さんとは違う『松方海舟』で、巻き舌のべらんめえ口調で演じていました。劇中でも三年が経過していますから、その間に悩める青年がすっかり世慣れたと、キャラクターが変わったという設定にして、それぞれの俳優の雰囲気の違いに違和感をなくさせていったのです」（伊豫田・談）

物語を盛り上げたのは、脇にいる二人の人物。海舟に弟子入りする土佐の浪人・坂本龍馬と、坂本の親友で海舟を暗殺しようとするもやがて敬愛の念を抱いていく「人斬り」岡田以蔵。龍馬を藤岡弘が、以蔵は萩原健一が演じています。

「大体のキャスティングは倉本さんが決めました。ショーケンも倉本さんが連れてきた。ショーケンの倉本さんに対する尊敬ぶりはすごかったです。彼はあのニヒルな感じで、時代の中に翻弄されて劇的な運命をたどっていく感じを上手く出していました。倉本さんもそういうふうに書いているし、それをショーケンが具現化していました。

藤岡弘はショーケンと対照的なキャラクターで、豪快な龍馬でした。暗殺されるシーンは僕が撮ったんですけど、血糊が飛び過ぎて掛軸が真っ赤になった。撮り直しもきかないので、『まあ、いいだろう』ということでそのまま放送したのですが、クレームの投書が一つ来ました。そんな感じで、藤岡さんは乗るとすごい人でした」（伊豫田・談）

配役にまで大きく影響するなど、本作は倉本聰の主導で進められていることがよく分かります。

倉本聰の降板

しかし、倉本聰がシリーズの終盤になって降板してしまったのです。

倉本自身は、当時の経過を自伝『見る前に跳んだ』にて、後に次のように振り返っています。

「演出家が台本を書き替えていると教えてくれたのは出演している萩原健一君だった。出演者たちと一緒に台本を読み合わせる『本読み』に立ち会って注文を付けるのが僕の流儀なのだが、僕が帰ったあと修正が入ると聞いた。

脚本の意図を理解していない人とか、稚拙な台詞回しなどにはダメを出す。僕の意図を上回るいい解釈には諸手を挙げて賛同する。もちろん演出家の考えもあるし、それも尊重するけれど、無断変更は気分が悪い」

そんな折、渡の代役問題をめぐり倉本は女性週刊誌から取材を受けることになります。

「やって来た記者はＮＨＫの不手際のことばかり熱心に聞く。いいドラマをつくるためにやむなく決めたことで、出演者やスタッフ一同頑張っていると説明したが、そういうコメントは一切メモしない。

記者が帰ったあとなにか『やばいな』と思って、版元の大手出版社に行った。案の定、番組づくりを中傷する内容だ。押し問答の末、真意を説明して修正をお願いした。だが、見出しのことは念頭になかった。翌朝、『倉本聰氏、『勝海舟』に内部から爆弾発言』。そんな見出しの新聞広告に局内は騒然とした。

二十数人の番組スタッフに徹底的に吊し上げられた。僕に同情的な人はたったの二人。『記事の内容をよく読んでくれ』と言ったが、聞く耳を持たない。悔しくて悲しくて泣けてきた。

局を出るとタクシーでそのまま羽田空港に向かった」（『見る前に跳んだ』より）

それではその時、ＮＨＫ側はどのような状況だったのでしょうか。以下は、伊豫田静弘の視点からの、降板劇の裏側です。

伊豫田によれば、「そもそものスタッフ編成に無理があった」のだということです。『国盗り物語』のサードとしてすでに大河演出を経験していた伊豫田を除くと、チーフからサードまでが大河未経験でした。

撮影規模の大きさや、キャストの豪華さ、歴史に対する意識など、大河は他のドラマに比べても演出にかかる負担は大きい。「国民的番組枠」として、世間の注目も並外れています。それだけに、何も分からない中で無我夢中に推し進められた初期ならまだしも、この時期になると誰かしら経験者が陣頭指揮を執らなければ進行はむずかしくなっていました。

「その陣頭指揮をとるべきプロデューサーやチーフ・ディレクターが未経験者であったことが、そもそもの発端だった」と伊豫田は指摘しています。

「大河ドラマは現場にとっても大河であって、激流もあれば滔々《とうとう》たる流れもあります。それを乗り切るためにはチームプレーが必要です。そのチームとは、ＮＨＫのスタッフのみならず脚本家や作曲家、出演者たちまで一つのチームだと思います。そうした大所帯を一年間支えるためには、強力なリーダーシップ、つまりプロデューサーやチーフ・ディレクターの才量が重要です」（伊豫田・談）

本作でチーフ・ディレクターを務めた中山三雄は、倉本聰がメイン脚本家を務めたＮＨＫ時代劇『赤ひげ』でもチーフ・ディレクターを任されていたため、倉本とはすでに仕事をしていました。そして、この時の経験から「困ったら倉本の指示に従えばうまくいく」という意識を持つようになっていたといいます。そのため、陣頭指揮への意識が弱かったと。

ただ、一方で倉本の中では不満が生じ始めているように伊豫田には思えていました。最初の不満はほんの小さなことでした。倉本は台本に「嘉永元年●月」という日付をテロップで出すように指定しています。それも、いきなり全ての文字を出すのではなく、タイプライターで文字を打つ時のように一文字ずつ、しかもタイプライターの音を効果音として乗せながら出してほしいと演出側に要望していました。

　倉本としては、歴史的な事実をあえて事務的に表現することで、ニュース的な真実性を高めようとしていたと思われます。ところが、この効果音にＢＧＭの音楽が重なる場合、音量としてはＢＧＭを優先せざるをえなくなります。すると倉本は「なぜタイプの音がないんだ」と不満を口にしたということです。

　初めはそんな小さなことだったのが、だんだんと重なるうちに倉本の演出陣への不満が強まっていきます。そして演出陣からすれば、ただでさえキャスティングですら倉本主導で、演出についても台本に細かく指示が書いてある。それに加えて、倉本自身がＮＨＫに来て稽古に顔を出す時があると、役者はディレクターではなく倉本に相談するようになります。それでも、中山は「倉本の指示どおりにやればいい」というスタンスでしたが、セカンド以下のディレクターたちはそうした倉本の手法に不満を抱くようになります。「倉本は演出の職域を侵害している」

そうした想いが演出陣の中に蓄積し、徐々に不穏な空気が流れ始めました。そして、倉本が雑誌のインタビューでＮＨＫの演出陣に対する不満を述べたととれる記事が出たのを引き金に、両者の対立は決定的なものになったということです。

倉本の言うように雑誌記事によって一気に――というのではなく、両者の間に不穏な空気はすでに流れていた、と伊豫田は指摘しています。そして、プロデューサーもチーフ・ディレクターもその調整をできなかったと。

「倉本さんが降りるという話は突然降って湧いたんじゃなくて、何か気まずい空気がずっと続いていたんです。それでだんだん倉本さんの足が遠くなっていって。そしたら、あるとき、プロデューサーから、『倉本さんが降りる』と言われて、違う人が最後を書くことになりました。それまでは僕たちも一生懸命なんとかしようとしていましたし、もちろん倉本さんも大変努力されていた。でも、最後に難しくなったんです」（伊豫田・談）

クライマックスの工夫

クライマックスの龍馬暗殺の場面は、倉本不在の中で伊豫田が撮っています。それでも伊豫田は「倉本が描く龍馬暗殺」を意識して撮ったといいます。

「倉本さんがここまで構築されてきた作品に対して、何か新しい世界をそこから以降で作るということはもう不可能なんです。それなら、演出者も出演者も全部同じなわけだから、その中で継承していこうということになりました。

では、僕たちなりに何が描けるかというと、それは『時代』なんですよ。あるいは『歴史』と言ったらいいんでしょうか。史実や、その時代の空気をちゃんと描くということ。それしか残された道はないと思っていました。

ですから龍馬暗殺の回も、龍馬が暗殺された史実を克明に調べて、それを新しい脚本家の方が一生懸命書いてくれて撮ったんです。大事なのは時代。龍馬がどうやって京都河原町の醤油屋にいたのか、刺客は誰だったのか、なぜ木戸を開けてしまったか……そういう謎を一つひとつ克明に調べて、サスペンス風に作っていきました。

最後に僕が付け足したのは、龍馬が絶命する寸前に見た光景です。彼は海を見た、と僕は解釈した。だから、斬られた龍馬が這っていって、屋根に逃れようと思って障子を開けたら、そこは夜の京の町じゃなくて大海原だったというシーンにしたんです。その中で崩れていって、持っていたピストルが暴発する。そうやって、龍馬の想いと生命力のラストを表現しようと思いました」（伊豫田・談）

様々な紆余曲折を経ながらも、作品そのものは好評を博しました。平均視聴率は二四・二パーセント。幕末や明治を扱った大河作品は『三姉妹』『竜馬がゆく』と視聴率的に苦戦続きでしたが、本作は初めてそこを突破することができたのです。

＊平均視聴率二四・二パーセント、最高視聴率三〇・九パーセント

『元禄太平記』（一九七五年）

イメージの逆転

これまで作られてきた大河ドラマには、大きな潮流が三つありました。

一つは「従来のイメージ通りに作られた英雄譚」。『赤穂浪士』『太閤記』『源義経』『竜馬がゆく』『天と地と』『勝海舟』がこれに当たります。

もう一つは「従来は悪役として捉えられてきた人物の再評価」。『花の生涯』『樅ノ木は

残った』『春の坂道』『新・平家物語』です。

そして最後に『三姉妹』『国盗り物語』という「複数の主人公による群像劇」。「忠臣蔵」の二度目の大河ドラマ化となる一九七五年の『元禄太平記』は、その三つの合わせ技のような企画でした。「英雄」と「再評価された悪役」との織りなす「群像劇」です。

主人公の一人は江守徹が扮する大石内蔵助。これは従来通り、主君の仇討ちのために討ち入りを目指していくという、英雄的な描かれ方をしています。

ただ、本作にはもう一人の主人公が出てきます。それが、柳沢吉保。将軍・綱吉の側用人から大老格へと出世する幕府の大権力者で、従来の忠臣蔵モノでは悪役の吉良を徹底して擁護する黒幕的な存在＝巨悪として登場しています。これを、『天と地と』に主演した石坂浩二が演じました。内蔵助と並んで吉保を主人公として描くことにより、従来の「忠臣蔵」作品にはなかった「幕府側から見た吉良邸討ち入り事件」という新たな切り口が加わることになったのです。

それこそが、原作者の南條範夫の狙いでした。サード・ディレクターとして参加した大原誠は、その狙いを次のように語ります。

「南條さんは主役が必ずしも大石内蔵助ではなくて、柳沢保明（吉保）が主軸だと考えていました。

五代将軍にかわいがられて破格の出世をした男です。大老格にまでなった。その男が内蔵助と対峙している。位的には柳沢のほうがはるかに上。彼は江戸幕府を背負っていますから、どうしても赤穂浪士に討ち入りをさせられないという立場。忠臣蔵の話が脇かというと、それも並行しています。いかに保明と内蔵助がやり合うかということも含めて、そういう描き方をした。

つまり歴史の見方です。かつて『樅ノ木は残った』で大悪人と評されていた原田甲斐を山本周五郎はひっくり返しました。これは山本自身がひっくり返したんじゃなくて、その資料が出てきたから、ひっくり返せた。そして、むしろ忠臣であるという考え方をした。だから今度は、主人公を今まで脚光を浴びていない柳沢にしたんです」（大原・談）

これまで悪役だった柳沢を演出陣がどう描き、それを石坂がどう演じるか、ということが重要になります。本作は「再評価する」といっても、「実はいい人だった」という近年の大河にありがちな描き方をするわけではありません。あくまで視点を新たにするものの、その行い自体は従来の「忠臣蔵」とは変わりません。赤穂浅野家の家臣たちからすれば、柳沢は憎き対象であり、それは同時に視聴者の感情でもあります。そんな人物を「悪役」ではなく「主役」として描く。そのために、制作陣は考え抜きます。

「柳沢吉保は、これまで感じられているほどの悪役としては描いていないわけです。

彼の立場からすると、内蔵助が討ちに出るのを防ぐというのは当然なんです、喧嘩両成敗と言うけども、やっぱり浅野内匠頭に非がある。先に刀を抜いたんだから。で、烈火の如く綱吉は怒るんだけども、腹心である柳沢は防御しなきゃいけない、幕府の威信にかけても。彼の行動は正当なんですよ。

内蔵助に非があるとは決して言わないけども、柳沢の論理というのも、幕府の安泰のためには理解できる。反逆者を出してはいけないんです。だから討ち入りをさせちゃいけない。それを守るのは当然なわけです。で、その論理もある。

でね、そんな役をやる上で、悪党面が悪をしていたら、やっぱりダメなんだ。石坂のような非常に端正な顔をした、ハンサムな男が悪をやって、初めて悪の怖さが出る。それから柳沢という男は、館林《たてばやし》の時から綱吉の小姓でしょ。そうなると、美男子というのは絶対条件だし。そして、あのきれいな顔で、えげつないことをするというのが、やっぱりいいと。で、えげつないことをすればするほど、内蔵助も立つわけです」（大原・談）

本作が新しかったのは、柳沢を悪一辺倒にしない一方で、通常の「忠臣蔵」では「悲劇の貴公子」として描かれてきた浅野内匠頭を、「エキセントリックで神経質な人間」として描いたことです。演じたのは片岡孝夫（現・一五代目片岡仁左衛門）でした。

「片岡さんの演じる浅野は、ちょっと神経質という作りをしました。で、それは僕の注文ももちろんあったわけです。

のほほんとしたというふうには描けないわけですよ。松の廊下で刀を抜くなんて、常識があったら絶対しないですよ。それが彼のエキセントリックな資質だと思う。やっぱり思慮が足らんわけですよ。

ただ、それを客に納得させせないといけない。だから、これが我慢の限度だというぐらいまで、いじめ抜くわけだけども。それでも、神経質というかエキセントリックな形の浅野を、片岡さんも取ったし、僕もそういうふうにしてもらいました」（大原・談）

大河の「従来は悪役だった人物の再評価」路線は、「忠臣蔵」という大衆娯楽の中心だった演目の読み直しにまで至りました。それができるだけの勢いと余裕が、当時の大河にはあった――ということができます。
そして翌年、さらなる大胆な「再評価」作品が現れることになります。
＊平均視聴率二四・七パーセント、最高視聴率四一・八パーセント

『風と雲と虹と』（一九七六年）

役者発信の企画

大原誠は七五年六月まで『元禄太平記』に参加すると、その翌年の大河ドラマのセカンド・ディレクターを命じられています。
実はその時点ではまだ企画は決まっていませんでした。大がかりな脚本や豪華な配役の準備などが必要な大河ドラマの制作では、草創期を除いては前代未聞のことです。
「慌てましたよ。すぐ『元禄太平記』を降りて準備にかかったわけ。放送までもう六か月しかないんだよ。撮影は一〇月からですから、三か月しかない」（大原・談）
そして、これ以上の時間がかかると準備が間に合わなくなるというタイミングで、海音

寺潮五郎の『平将門』を原作に、加藤剛の主演で平将門の生涯を描くことになりました。

その経緯を大原は次のように振り返っています。

企画は当初、池波正太郎が加藤清正について描いた『火の国の城』が最有力候補に挙がっていました。それをプロデューサーが芸能局長に提案したところ、当時の芸能局長が反対したということです。「加藤清正みたいに地味な人間が大河の主役になるか」と。大河ドラマはすでにNHKの局全体をあげた大事業になっており、かつてのように個人の意思だけではどうにもならない状況になっていました。

困ったのは制作陣です。すでに池波の了解は得ており、主演も加藤剛で決まっていたからです。そこで、プロデューサーは代替案を探らなければなりませんでした。その際、加藤剛が「僕は平将門をやってみたい」と提案。これに制作陣が乗りました。

つまり、本作は大河史上初の、「役者からの提案で決まった」作品でした。

海音寺潮五郎に交渉する役割は、チーフ・ディレクターの岸田利彦の役割でした。急な提案でしたが、海音寺は気持ちよく出迎えてくれたといいます。

「海音寺さんというと、もう話がうまい人でね。しゃべっていても、それがそのまま文章になるような人でした。で、『平将門』をやらせてくださいって言ったら、海音寺さんも喜

んで、いろいろ教えてくれました」（岸田・談）

朝敵が主人公

平将門を主人公にするというのは、かなり挑戦的な試みといえます。

将門は平安時代中期に関東で挙兵、朝廷に対して反乱を起こしています。天皇に反旗を翻した「朝敵」なのです。これまでも大河ドラマは数々の「人物再評価」を行ってきましたが、本作ではついに「朝敵」を「英雄」として描くというところにまで行き着きました。

「朝廷から見れば、将門は《坂東《ばんどう》の暴れ者》なんですよ。極悪非道の男。でも、逆の見方、すなわち坂東の立場からすれば英雄なんです。伝説が今でも残っているわけですから。東京には将門の祀られている神田明神があるし、将門の首塚もあります」（大原・談）

当時、坂東（関東）の武者たちは、朝廷や公家の警護に京都へ行くことになっていました。朝廷からすれば「番犬」の役割です。そうした中で、共に京都に上った従兄弟の貞盛（山口崇）は貴族たちと上手く関係を築いて巧みに世渡りをしていきますが、将門はその武骨な性格もあって、武士たちが蔑まれ人間扱いされないことに理不尽さを感じ、憤ります。

そして、再び関東に帰り貞盛たちと対立、蜂起に及んでいきます。

本作の主人公は将門だけではありませんでした。将門と同時期に瀬戸内海にも「反逆者」がいたのです。それが海賊・藤原純友。海音寺は小説『海と風と虹と』で純友を主人公に描いていました。制作陣は二つの原作を合わせる形でダブル主人公の作品にします。

「海音寺さんはこういうことを言っていました。『将門は小豪農のこせがれで、革命の思想はゼロだった。こんな大仰なことをするような男じゃなかったけども、時の流れがそうさせた』。その一方で海音寺さんは『藤原純友は革命児だ』と言う。最初から事を起こそうと狙っていたと。

彼は愛媛の宇和島の日《ひ》振《ぶり》島の人間で、坂東で将門が蜂起したというのを知って、京都に攻め上る。それで、その二人の男を主人公にすることになりました。

ただ、原作の『平将門』は、もちろん将門しか書いてない。純友に関してはもう一つ、海音寺さんの小説がある。それが『海と風と虹と』。この二つを一緒にしたんですよ。

それでタイトルもそこからとりました。『海』というのは日振島の海賊の『海』なので、それを『雲』に変えて関東にして、『風と雲と虹と』という題をつけました。将門と純友、二人の世界が一緒になった題名なんです」（大原・談）

本作では東西の主人公の間を結ぶ連絡係として忍者が活躍、それを大河初出演となる草刈正雄が演じています。脚本を担当した福田善之は、舞台や映画で話題となった代表作『真田風雲録』をはじめ、これまでもどの社会階層にも属さない流浪の民を登場させて時代のダイナミズムを描くことを得意としてきました。

今回も貴族や武士だけでない平安時代の人物たちを描くために「けら婆」という「女忍者」を設定、これを吉行和子が演じています。その相方には男の若者がいいということで、草刈が抜擢されました。

「草刈は武士にするにはちょっとバタくさい顔してるんだけど、実にかっこいいんだよ、背が高いし。ちょっとエキゾチックな雰囲気がいい。それならば、長髪を後ろで結《ゆ》わく姿なら似合うんじゃないかと思って使ってみました。それからもう一つは、大河には『どこか主要キャストに新人を使いたい』という方針が常にありますから。今回はそれが草刈でした」（大原・談）

関東の描き方

本作は、放送当時の時点では大河ドラマ史上最古の時代を扱う作品でした。それだけに、馴染みの薄い時代背景や風俗を現代の視聴者たちにいかにスムーズに理解してもらうかが、制作陣にとっては重要なテーマとなりました。

「あれ、時代劇では時代的に古いんですよ。平安時代の頃の話ですからね。それで時代考証が大変でね。ＮＨＫのスタッフは誰も分からない。時代考証の稲垣史生さんにもお世話になったけれども、難しかったですね」（岸田・談）

その突破口を考案したのは、セカンドの大原でした。吉田直哉を「師」と語る大原は、吉田が大河にもたらした手法を思い出します。

「これをどういう作品にしようかと思った時に、吉田直哉の『太閤記』が頭に浮かびました。彼は冒頭に新幹線を出すことで現代との対話ということをやったわけです。

ですから、ファーストカットは神田明神にしました。それによって一〇〇〇年昔の話が現代にも繋がっていることが示せると思いました。そういうところから入って、将門に馴

染んでもらおうというわけです」（大原・談）

平安時代の関東が舞台となると、合戦シーンだけでなく普段の移動シーンでも馬が必要になります。しかし、その撮影のために馬を準備するのはお金がかかる。その調達に腐心したのが、サード・ディレクターの松尾武でした。

「馬の使用料をいかに安くするかという交渉をしていました。以前の作品からすでにそういう類のことはしていたんです。ただ、これまではそんなに馬の登場シーンはありませんでした。『風と雲と虹と』の坂東は西部開拓史みたいなものです。だから、馬との関係というのが切っても切れないわけです。

ですから、放送の前の年の一〇月か一一月に、前もって一年分の合戦シーンだけ全て撮っておくことにしました。それなら、馬を借りる日数を縮められますから」（松尾・談）

松尾が目をつけたのは、北海道で競馬用に育成したものの何らかの理由で厩舎《きゅうしゃ》入りしていた馬たちの存在でした。いずれ何らかの方法で処分される運命にある馬たち。それを知った松尾は、「それなら撮影で最後の走りを見せてくれることができるかも」と判断、業者に頼んで三週間ほど借りることにしたのです。

「普通の馬だと、一頭を一日借りただけで馬具と人件費を加えて五万円ぐらいします。撮影には三〇頭か四〇頭くらいはほしいですよね。そうすると、一日で二〇〇万円ぐらいどんどん飛んじゃう。それは、予算的にとても無理です。

厩舎入りしている馬を使うと、乗る人を雇うだけの人件費で済むんですよ。しかも、何日使おうが総額で五〇万くらいって話でしたから、何回走らせたっていいわけです。そういうやり方をこの作品で初めて考えたんです。たまたまそういうことを知っている人が茨城にいらっしゃって、それで安く合戦シーンを撮ることができました。

馬のその日の状態をよく観察し、元気な馬から順に使用する出走順を作成して撮影に臨んでいます」（松尾・談）

合戦だけでなく日常での移動の場面でも馬が使われるため、その撮影も様々な工夫が凝らされることになります。だからといって、そのたびに馬をスタジオに運んだり、あるいはロケーション撮影をしていたら、予算も日数もかかってしまいます。

そこで松尾が考えたのは、今で言う「ロデオマシーン」のような装置でした。低い脚立《きゃたつ》の上に馬の背中のような形の板を載せ、その上に鞍《くら》を載せ、それを馬の背に見立てて俳優にはそこに座って芝居をしてもらう。カメラはバストショットやアップのみにして下半身の脚立部分は映らないようにし、背景は後で合成すれば映像的にはごまかせます。これに、以前にロケで撮っておいた「荒野を疾走する騎馬」の遠景の映像を編集で組み合わせていくと、本当に馬上で芝居しているように見えるのです。

　ただ、これには一つだけ問題がありました。当時のＮＨＫは観光ツアーのコースに組まれていて、撮影中のスタジオを見学に来る一般客がいました。そのため、役者たちはこうした撮影が行われる時だけは客を入れさせないように頼んできたといいます。事情を知らない見学側からすると、脚立の上で前かがみで芝居をしている役者たちの様が滑稽に映る。その恐れがあったからです。

　馬の撮影で、松尾が工夫した演出がもう一つありました。それは「馬を三頭だけ借りて二〇頭に見せる」という手法です。

　まず、スタジオの中に大きな円を描く。その中心にカメラを置いて固定し、カメラは動かず定点のみを撮影します。そして、雑兵と馬にカメラの周囲を走らせる。雑兵や馬がカメラの前を通り過ぎ、後ろに回った時、雑兵や馬上にいる俳優たちの持っている武器を変えさせ、またカメラの前に出させる。そしてまた後ろに回った時に小道具を変える。これを繰り返すことで、実際には同じ俳優たちが繰り返しカメラの前を回っているだけなのに、映像としては騎馬軍団の行列が長々と続いているように映ることになります。しかも、円を描いているため、十分な撮れ高に達するまでこの列の撮影が続けられます。

関東の荒野と瀬戸内海の海洋を舞台にしたスケールの大きな物語展開と世界観は、時代への馴染みのなさを払拭するには十分なものとなり、高視聴率をマークすることになりました。

そして、この番組のヒットは以降の大河に重要な影響を与えることになります。それは、茨城の笠間《かさま》など将門に由来する土地が観光地化されたり、日本放送出版協会から出版された特集のムック本が好調な売れ行きを記録したり――と、大河ドラマは一つの番組枠にはとどまらない、大きな産業を生み出す源泉という役割も担うようになったのです。

＊平均視聴率二四・〇パーセント、最高視聴率三〇・一パーセント

『花神』（一九七七年）

新しい維新像

一九七七年の大河ドラマは、『国盗り物語』と同じく齊藤暁チーフ・ディレクター、村上佑二セカンド・ディレクターの座組で制作されることになりました。

そして、『国盗り〜』と同じく今回も司馬遼太郎の原作を複数合わせることにしました。今度は戦国ではなく幕末が舞台になります。それが『花神』です。

表題作は幕末の長州藩で近代的な軍隊組織を編成し、第二次長州征伐で幕府軍を倒した立役者となる村田蔵六（大村益次郎）の物語です。これに、奇兵隊を指揮した高杉晋作とその師匠に当たる吉田松陰について書いた司馬の小説も新たに加えて、長州藩の群像劇として描き出していくことにしました。

「司馬さんの歴史を見る時の現代的な合理性と、あの時代の変革期の人たちの情熱――晋作であれ久坂玄瑞であれ、松下村塾の仲間たちがいて、奇兵隊を晋作が組織して、それが維新に繋がっていく。それを分厚いドラマにするために、司馬さんが幕末について書いて

いる本を全部使わせてくれと頼みました。そこは『国盗り』の時と同じですね」（齊藤・談）

村田蔵六は村医者でしたが頭が切れるため、緒方洪庵が主宰する大坂の適塾に入学します。福澤諭吉、橋本左内、大鳥圭介といった当時の英才たちが輩出したこの塾で、蔵六は三年目には塾頭になり、オランダ語の辞書を全部引き写して、片っ端から覚えていきました。そして蘭学から始まり戦術論までたどりつき、兵器や軍事に長じていく。

そして、この男の存在が、長州が幕府を打ち破る原動力となるわけです。

「司馬さんは、そういう知識を持った一種のテクノクラート、技術官僚が明治維新を制したという見方をしています。まったくそれまでの日本になかったリーダー像です。それが維新という大いくさを制する主導者となったというのは、極めて珍しい維新論だという興味が湧いてきました。

ただ、『花神』の原作はそんな長いものじゃないんです。だから、そこを埋めていくには、松陰や晋作の芝居も立てていかないといけない。物語としても暴れ馬がいないとつまらないですからね。そのことには、司馬さんも『他の小説も含めていっぱい使ったのはよかったね』って言われたぐらいでした」（村上・談）

本作には、司馬の小説『十一番目の志士』に登場する架空の長州藩士・天堂晋助が登場、京都での諜報活動を行わせています。

「私は毎回、ドラマに必ずフィクションの男を入れるんです。本当に生きていた人だけじゃなくて、フィクションの男をそこに入れる。

なぜかというと、事実に縛られるとドラマが硬直してくるんです。ドラマの作り手としては、史実の枠の中でしか物語を動かせなくなる。そこにフィクションの人間を置くことで、それは自由に動ける。歴史ドラマとは言いながら、やっぱり嘘をつける場所は必要なんですよ。だから、『花神』の時は天堂という人斬りを登場させました。

歴史の隙間を広げて、歴史そのものでは嘘をつかないで、不自然じゃない程度に自由にフィクションを入れていく。ただ、幕末になるほどフィクションが入りにくい。もう記録がいっぱい残ってますから。『そんなことはなかった』『資料ではこうだ』って言われちゃうと、こちらはどうにもならない。幕末のやりにくいところはそこです。

史実をはみ出さないように気をつけてますし、その部分で嘘をついてはいけません。それからもう一つは、時代考証家が必ず入っていますから、考証家がきちっと台本を検証する。そういう歴史上の事実とか時代の流れをちゃんと見据えながら、ドラマですからフィクションの面白さをどのくらい入れ込んでいくか。そこのさじ加減が作り手の腕の見せ所なんです」（齊藤・談）

イメージをくつがえすキャスティング

村田蔵六は前進座の歌舞伎役者で当時ＮＥＴ（現・テレビ朝日）の『遠山の金さん捕物帳』で人気を博した中村梅之助、高杉晋作は青春スターとして若者たちに人気のあった中村雅俊が演じています。

「高杉晋作は『馬より長い顔』と言われていたんだけど、丸顔の中村雅俊がやったんだ。僕はそれでいいと思う。要するに、ヘタウマってあるじゃないですか。うまいことを期待してない。晋作なんて当時デタラメをやってるから。どこでもズバズバと切り込んでいっちゃう。前しか見てないというかな、引くことを知らない暴れ馬ですよね。そういう時に細面の二枚目が出てきたらまったく似合わない。なんか泥のついたジャガイモみたいなのがいいと。そういう意味で中村雅俊はピッタリなんですよ。彼は健闘したと思ってます。決してうまくないんだけど、なんか妙に誠意があるんだ。嘘ついてねえぞという感じが

あって、すごくよかった」（村上・談）

そして、演出陣やスタッフたちがこぞって絶賛するのが、吉田松陰を演じた篠田三郎です。

撮影のために朝早くにＮＨＫに入ってきた時点では爽やかな好青年だったのが、化粧をしたりカツラをつけているうちに、だんだん目が吊ってくる。そして、衣装をつける頃になると、もう寡黙になって何も言わなくなる。そして、本番が近くなると目が据わり、瞬《まばた》きすらしないようになっていて、その迫力は憑き物が憑いているかのように見えたといいます。

「松陰が憑いちゃってる」「松陰様が来ちゃった」

その見事になりきった演技ぶりを見て、スタッフたちはそう語り合うほどでした。

一方で、従来は爽やかな二枚目のイメージのある桂小五郎にはクセの強い面持ちの性格俳優・米倉斉加年、後に明治の元勲となる伊藤俊輔（博文）・山県狂介（有朋）にはそれぞれ軽いイメージがあった尾藤イサオと西田敏行……と、脇の長州藩士たちにはこれまでのイメージとは異なるキャスティングが組まれています。

「個人的に桂小五郎ってあまり好きじゃないんです。僕にとっては悪役なんだ。それで米倉さんを選んだ——というわけでは決してないんですが。ただ、ちょっと他と雰囲気が違う役者がいるといいと思ったんです。若いやつらがみんな、口から泡噴くようにして騒いでいるわけですよね。そこで一緒になってやってるんじゃ、桂にならない。彼は止め役だから。

原作を読んでるうちに、自分なりに人間像って膨らんでくるんですよ。だって伊藤俊輔が尾藤イサオですからね。キャスティングを発表した時は、うちの偉いさん、みんな『え？』って驚いていました。

もともと百姓同然の下級藩士たちが集まって、晋作が率いたのが奇兵隊です。そんなのが明治政府を作っていったというのが面白い。で、それを引っ張っていたのが村医者出身の村田蔵六。これは何と不思議なチームなんだろうと思ったんです。ですから、演じる人たちもいたずらっぽい雰囲気、つまり愛嬌がないと、つまらないんです」（村上・談）

高杉の参謀・時山直八にはまだ新人だった松平健が抜擢されています。

「松平健をＮＨＫで初めて使ったのは僕なんです。当時の彼は勝新太郎さんの事務所にいて、付き人みたいなことをやっていまして。それで、『花神』の脚本を書いてもらった大野靖子さんが『勝さんとこに面白い新人が一人いるのよ』って言うから、『会わせてください』って。会ってすぐにこちらも気に入って、その場で役をつけたんですが、決して大きい役ではありませんでした。こちらとしても『とりあえず最初の顔合わせ』ということで出てもらっただけで。ところが、年末にはもう民放に出て売れちゃっていました」（齊藤・談）

司馬遼太郎のリアクション

　幕末を扱った大河ドラマは視聴率を取れないというジンクスがあります。実際、幕末を扱った大河でここまでで平均視聴率が二〇パーセントを大きく超えたのは『勝海舟』だけでした。そして、この『花神』も二〇パーセントを割り込んでしまいます。快進撃を続けていたこの時期の大河ドラマでは、異例のことでした。

「ちょっと地味でしたかね。華々しい主人公じゃないですから。それに、中村梅之助さんは芝居がメチャクチャうまいんだけど、派手さはない。『もうちょっといい男が出ないの？』とか言う視聴者もいっぱいいましたよ。だけど、キャスティングってそういうものじゃないと思うんです。梅さんの芝居のうまさというのはもう抜群で、柔らかくてね、硬軟織り交ぜ、とにかく面白いんです。それはそれで僕はよかったと思います。ただ、視聴率が悪いというのは如何《いかん》ともしがたくて」（村上・談）

放送を終えて、村上は東大阪の司馬邸にあいさつに行っています。

「視聴率が上がらなくて、すみません」

と頭を下げる村上に対し司馬はこう答えたと言います。

「いや、君、これは傑作だよ。僕は好きだ。人間が土足で上がってくるようなところがいい」

その後、司馬は村上をねぎらうため、志士も通ったという八尾市の老舗料亭に連れて行ったといいます。その後はクラブにも連れていかれたと。

翌日、ＮＨＫ大阪に寄って、「実は司馬さんにご馳走になって」と言ったら、「えー？そんなことありえない」と驚かれます。「司馬ケチって有名なんだぞ。知らないの？」

「司馬ケチ」。それは金銭面ではなく、忙しすぎて時間がとれないための「時間ケチ」だった司馬に、ＮＨＫ大阪の人間たちが親しみを込めてつけたあだ名でした。司馬邸に行く前に電話しても、「会えるのは五分か一〇分だよ」と言われるほどだったといいます。そんな司馬がわざわざ時間を割いてねぎらうほど、司馬は本作のことを気に入っていた——ということです。

＊平均視聴率一九・〇パーセント、最高視聴率二五・九パーセント

この時期、七〇年代半ばの大河ドラマは従来の史実へのイメージをくつがえすような試みをする作品が続きます。

誕生から一〇年以上の月日を経て産業としても巨大化し、番組枠が安定していく中で、作り手にも大河に新しさや刺激を求める余裕が生まれてきた証といえます。

そして、この流れはさらに加速し、七〇年代の後半から八〇年代の初頭にかけて、さらなる野心作が連発されていくことになります。

『黄金の日日』（一九七八年）

武士でない主人公

ここまで一五作。様々な視点から企画が立てられてきた大河ドラマでしたが、一つだけ共通点があります。それは、主人公が武士であることです。

それに対して一九七八年、初めて商人を主人公に据えた作品が登場します。それが『黄金の日日』です。

本作では戦国時代の商業都市・堺を舞台に、ルソン（フィリピン）と交易を行った商人・呂宋《るそん》助左衛門の活躍が描かれます。プロデューサーはこれが初めての大河ドラマ登板となる近藤晋です。近藤は、山田太一脚本の『男たちの旅路』など、これまで現代劇を中心とした「土曜ドラマ」枠で意欲的な名作ドラマを作ってきており、彼の登板は大河に新たな風を入れようという意欲の表れでもありました。

「その頃の大河は、企画する人たちが武将を主人公にしかやらないわけです。こんなことで大河ドラマはいいのかと思っていました。こんなもの民放だってできるじゃないか。

民放でやれないもの――やれないものというのは能力がないからじゃなくて、スポンサーとか、いろんな制約がＮＨＫよりはるかにきついわけですから――をやるというのが、大河に臨むにあたっての僕の方針でした」（近藤・談）

大河ドラマのプロデューサーを担当するにあたり、近藤は二つの条件を出します。一つは「海外ロケをやる」。そしてもう一つが、「主人公は、歴史的に実在したかどうかがはっきりしない人間でもいい」。

近藤の当初のプランは『日本誕生』という題で壬申の乱を描くことでした。ここで大海人皇子が大友皇子に勝利して天武天皇となったことで「日本」という国号が生まれる。加えて、天武天皇の皇后でありながら、その天武天皇と争った天武の兄・天智天皇の娘でもある持統天皇の存在はドラマチック。近藤は脚本家の中島丈博と組んでドラマ化に向けて動き出します。

しかし、内々に話を進めていたある日、近藤は中島に呼び出されます。「コンちゃん、俺はこれ以上書けないわ」と降板を申し出てきたのです。

その理由は、一つには飛鳥時代の人々の生活習慣が分からないというのがありました。朝何時に起きるのか、起きたらまず顔を洗うのか、朝飯を食べるのか、いつ頃に宮廷へ出仕して、夕方は何時に終わって何時に帰るのか。家に帰ったらどうするのか。風呂に入るのか、酒を飲むのか……それがまるで分からないため、書きようがないというのです。

そしてもう一点が近親相姦。先に述べた持統天皇も叔父に嫁いだ形なのですが、当時は父母ともに皇族の血筋でなければ天皇にはなれない決まりでした。そのため、全ての結婚が必然的に近親婚になってしまうのです。このことを省くわけにはいかないし、描いたら描いたで大問題になりかねません。大河ドラマは「国民的番組枠」。お茶の間で子供と見ている場合もあります。そこに近親相姦を出すわけにはいきません。こうして企画は変更されることになります。

「史実云々から大幅に離れたとしても、スケールを伴って見せていきたい」

それが近藤の新しい提案でした。時期的に切羽詰まっていることもあり、「それでできる自信があるならやれ」とドラマ部長も了承、新たな題材を探していきます。

歴史そのものではない！

そして、経済小説を得意とする作家・城山三郎が書き下ろしで原作を書き、現代劇で活躍する市川森一が脚本を書くことになります。これまでも書き下ろし原作の大河はありましたが、全て小説が先行していました。それが今回は初めて、原作と脚本が同時に始まり、同時進行で作られることになります。

「経済の世界から日本を見たい」

それが近藤から城山への依頼でした。中世ヨーロッパでいえばギルドという職人の結合体があります。日本にもそういう世界があるはずなので、そこを城山にレクチャーしてもらうのが近藤の要望でした。こうして、城山自身が脚本チームの中心に入り、全体の物語像を構築していくことになります。

そして、堺を舞台に、一般的には無名な存在だった商人・呂宋助左衛門を主人公にした企画が出来上がります。

「『テレビ指定席』という枠で城山さんに何本も書いてもらっていまして、城山さんのことを信頼していました。それで話をしたところ、向こうも乗ってくださって。上層部に企画を出したら、とても面白いじゃないかってバックアップしてくれることになり、やっと発表できることになりました。

脚本と原作を同時進行でやるためには、デスクや演出も含め、みんなの協力がなければとてもできません。みんな、面白がってくれましたね。初めてのことをやるんだという意気込みはありました

城山さんは、『俺は女は苦手だから、女のことは全部市川ちゃんに任せるから書いてよ』ということで連携プレーもうまくいきました。城山さんが、そうやって市川さんに書きやすいように道を与えてくださったんだと思います」（近藤・談）

主人公の助左衛門は実在はしたものの、実際の史実では具体的に何をしたのかはよく分からない人物です。そのため、物語は必然的にフィクションが多く含まれることになります。

「当時、僕が注目したのは森鷗外の論文でした。『歴史というのは歴史をそのまま写すわけだから、面白くも何ともない。だけど、歴史小説というのは、書き手が自分の想像をそこに自由に織り交ぜて、しかもその大きな史実の流れの中からは外れない』ということが書いてありました。鷗外が『阿部一族』を書いた時に『史実と違う』と言って嚙みついた評論家がいたんですよ。それに対する鷗外の答えが、『私は歴史小説を書いたんだ。歴史そのものを書いたんではない』。これだと思いました。何かあったら全部これで答えようと」（近藤・談）

異色の取り合わせ

主人公の呂宋助左衛門役には歌舞伎から市川染五郎（後の松本幸四郎、現・二代目白鸚《はくおう》）がキャスティングされています。

歌舞伎役者は通常、松竹に所属しています。一方で、染五郎と父・松本白鸚（初代、当時は八代目幸四郎）の「高麗屋」一門は六〇年代に松竹を独立して東宝歌舞伎に属していました。が、歌舞伎部門を廃止したい東宝と高麗屋の復帰を望む松竹とで考えが一致、一門は松竹に復帰することが決まっていました。復帰するにあたり何か大掛かりなイベントを組みたいということで、「染五郎の大河主演」という案が松竹で持ち上がります。こうして、東宝と松竹の幹部が近藤に持ちかけて、『黄金の日日』への主演が決まります。

劇中の助左衛門には二人の友がいて、いつも行動を共にします。一人は信長を暗殺しようとするも失敗して助左衛門と共にルソンに渡る杉谷善住坊。これを東映の大部屋出身俳優で、当時は下積みから頭角を現しつつあった川谷拓三が演じます。一方、助左衛門を陰ながら支える盗賊・石川五右衛門には、唐十郎率いるアングラ劇団・状況劇場の若手・根津甚八がキャスティングされます。歌舞伎、大部屋、アングラ。それぞれまったく異なる出身の三人がチームを組むことになりました。

「川谷拓三はまだ東映の斬られ役専門でしたね。ああいう飄々とした面白い人を入れることで、そっちのほうの役割で必ず役に立ってくれると思いました。根津は顔つきからいってもいかにも五右衛門っぽい。ヤクザっぽい雰囲気がありますから」（近藤・談）

根津の起用は、近藤が状況劇場の主宰・唐十郎と昵懇の間柄だったことから、「あいつは面白いよ。ぜひ使ってやってくれよ」という推薦によるものでした。その際、唐は「俺ももちろん使ってくれよ」と自薦をしてきて、唐に加えてその妻の李礼仙（現・李麗仙）も出演することになります。唐は助左衛門の前に立ちはだかるライバルの商人、李礼仙は堺の娼婦の役でした。

ただ、まだ格式が重んじられていた大河にアングラ劇団の主宰者が出ることには上層部の反発もあり、「何だ、これは。大河の歴史を汚すことだ」という批判を受けたこともありました。それでも構わず、近藤は通していきました。

女優陣も、すでに人気スターだった栗原小巻を除けば、竹下景子、夏目雅子、名取裕子といった若手たちがいずれも大役で出演しています。

「女優に関しては市川森一さんと二人でいろいろ選びました。女優さんの中で、今は無名でもいいから、これから必ず伸びていく人ということで選んでいったのが、その三名でした」（近藤・談）

さらに驚かされるのは、織田信長役に高橋幸治、豊臣秀吉役に緒形拳と、『太閤記』と全く同じ配役が組まれていることです。

「それは僕が『同じ人物が出てくるのに、違う役者がやるのはおかしいじゃないか』ということを言ってね。それを芸能局長の川口幹夫さんが『面白い』と受け入れてくれました。僕が二人を口説いた時に、高橋さんのほうは『それはおかしいんじゃない？　前にやったやつがまた同じ顔揃えて出てくるのは、おかしいと思う』と言って最初は嫌がっていました。でも話を進めているうちに『それは面白いね。僕はＯＫ』と納得してくれた。で、拳さんのほうもすぐにＯＫくれて、それであの配役ができたんです」（近藤・談）

　堺の商人の先輩として主人公を指南し、後に茶人として堺を護るため助左衛門と共に秀吉と対抗していく千利休には鶴田浩二。堺の商人たちを束ね、助左衛門の後ろ盾になる豪商・今井宗久には丹波哲郎。他にも志村喬ら往年の映画スターたちもキャスティングされています。多彩なジャンルから役者が集められたことで、彼らは互いに意識し合い、その刺激が現場に活気を生んでいくことになったといいます。

　本作のサード・ディレクターとして初めて大河を演出することになる高橋康夫は、当時の様子をこう振り返ります。

「丹波さんと鶴田さんは、どんな芝居をしてもらっても姿がいいから、こういう変わったドラマの中に入っても不思議な佇《たたず》まいで面白さがあるんです。大真面目にやってらっしゃって、決して外れていない。そういう東映のスターがいることで重みがありました。一方で、染五郎さんは歌舞伎の名門で、様式的な芝居がよく分かってる。しかも、それだけじゃなくて、幅の広い演技者です。歌舞伎役者の持っている味わいと、東映スターの持っている風格、それに根津や川谷の荒々しさが加わった作品でした。

僕はいつも『ＮＨＫはお座敷だ』と言っています。求められれば誰でも入れる場所。たとえポルノ女優さんでもね。伊佐山ひろ子さんも出ましたから。ＮＨＫって、そういう敷居の低さがあって、それが活力になっていったと思います。役者同士もお互いに、一緒にやるわけですから刺激受けますよね。東映のスターも、アングラの役者も。そういう場として成立したことがよかったという感じがします。

中でも根津がすごかった。僕の回じゃないですけど、五右衛門が釜茹でにされるシーンは特にね。『どうせ釜茹でされるなら、後ろ向きにジャンプして頭から釜に入りたい』と自分から言うんです。それは危険なんです。でも、それだけの覚悟で臨んでいたということですよ。みんな、いい意味でエスカレートしていたということです」（高橋・談）

荒唐無稽なドラマ

主人公は史実での動きがよく分からない商人なので、様々な歴史の局面において自由に活躍させることができました。金ヶ崎の退却戦、伊勢長島の一向一揆、鳥取城の籠城、安土城築城、中国大返し、朝鮮出兵。そしてルソンを中心に海から海へ。助左衛門はこれまでの大河にはなかった自由な動きを展開します。

多彩な役者たちと奔放な脚本を得て、演出陣も勢いに乗っていきました。これまでの重厚な芝居で構成してきた大河ドラマに対して、躍動感あふれる人物群像を見せていくことになります。

「僕は当時のＮＨＫではアングラとも一番付き合いが多かったですから。新劇系の皆さんや時代劇のスターたちが出ている大河は構えが大きい。本作ではそうじゃないところが、その時代の感覚に合ったのかもしれません。

堺の青年を主人公にするという発想がよかったですね。物語はどうにもでもなる。戦国ですから、信長、秀吉など綺羅星の如き有名人が出てくる。でも主人公本人は侘しい服装でね。主役がこんなに汚くていいのかというくらい。その主人公が戦国の著名な人物と出会い、成長していく。その設定がよかったです。いつでもどこでも誰のところでも行けるような仕掛けになっていて、『市川先生、こんなことはちょっと無理なんじゃないの？』というぐらい。荒唐無稽といえば荒唐無稽なんだけど、その荒唐無稽さが今までの大河ドラ

マの取り澄ましたところを打ち破ったんです」（高橋・談）

荒唐無稽な大河ドラマを作り出していく上で高橋が意識したのは、演出にエログロの雰囲気を入れていくことでした。

たとえば、五右衛門が夏目雅子扮する敬虔《けいけん》なキリシタンのモニカを強姦する場面があります。高橋はこれを、子供が見た時に敬遠するような映像にしてはいけないと考えます。市川森一は宗教的な背徳感を狙って、教会のキリスト像の前で犯されるというシチュエーションで書いていました。そこで高橋は、シーンの終わりにキリストの胸から赤い血を出そうと考えます。そうすることで、いやらしさを緩和するのと同時に、モニカの身に起きた背徳を美しく表現できると狙ったのです。

「市川さんのホンに書いてあることを五割増しにオーバーに、過激にやろうと思いました。市川さんがホンを書きますよね。でもト書きの表現には限界がある。画にするのはわれわれだから、市川さんは多分ここまで望んでいるだろうというレベルのところまで過激に表現することが大事でした。こっち側の『どうだ！』『ここまでやってるんだぞ』という熱気を役者も視聴者も感じてくれたらいいなと思って演出していましたね」（高橋・談）

フィリピンでの撮影

そして最大のポイントとなったのは、海外ロケです。助左衛門がルソンと交易をするという設定なので、本作ではフィリピンでの大規模なロケも敢行しています。大河での海外ロケはこれが初めてのことです。現地の名のある俳優たちも数多く出演しました。

「どうせやるんだったら、ということでフィリピンに行ったわけです。シナハン（シナリオハンティング：脚本を書く前に舞台となる場所を探る事前取材）から始めてロケハンもやって。その結果、そんなにお金はかからないことが分かりました。制作費の一部をちょっと割いただけで撮れると。向こうは物価も人件費も安いですから」（近藤・談）

撮影は現地の人間は使わず、全てＮＨＫのスタッフのみで行われました。それでもフィリピン政府も友好のためにということで、わざわざ軽機関銃を持った兵隊を護衛につけてきました。当時のフィリピンは政情不安で、テロの心配があったのです。そのため、ロケバス一台に一人は兵士が乗ることになりました。

現地のキャスティングはフィリピンの文部省に筋を通して「こういう役にふさわしい俳

優さんを選んでほしい」と頼み、コーディネートしてもらっています。

当時のフィリピンは映画製作が盛んで、本作に出演した女優はまだ若手だったにもかかわらず、かなり裕福な生活をしていました。近藤たちが招かれて家に行った際、門のところには拳銃を持った門衛が立っていたほどです。そして「奥へどうぞ」と案内されると、そこはプールがあるような大邸宅だったといいます。

「ホンも読みました。とても有意義な役だと思うから、やらせていただきます。私で本当にいいんですか」「もちろんいいんです」「わかりました。それじゃ、今日はもう簡単ですけど、ＯＫだけさせていただきます。こちらからお帰りください」

そんなやりとりを済まして帰ろうとすると、今度はテニスコートがありました。

それだけの生活をしているだけに、役者たちのプライドも高く、日本とは演技への意識も異なるものだったそうです。たとえば、ディレクターが女優に演技指導をする際、日本であれば相手の肩を持って動きを示すことはよくあることですが、フィリピンではそうではありませんでした。高橋があるフィリピンの女優に日本と同様に接したところ、「私に触った。触って、こう動けと言った」と激怒してきたのです。

そして、フィリピンでの撮影は過酷なものだったと高橋は振り返ります。

とにかく暑く、しかもほとんどの場面が浜辺のため日陰がない。水をいくら飲んでも、すべて汗になってしまいトイレに行く必要すらありませんでした。現地のエキストラたちは、「はい、カット、ＯＫ」となったらすぐにヤシの葉陰に入り、日差しをよけていました。しかし、日本人のキャストとスタッフはそうしたことを知らないため、ただウロウロするばかりで、一種の熱射病のような症状になっていきます。

そして、ある日、撮影を終えて高橋がスタッフたちと宿でその日の撮影の分をチェックしていると、カメラマンが、「あれ？　俺、このシーン撮ってないよ」と言い出してきます。「俺、絶対に撮っていない」と言い張るのです。といって、スタッフとしてフィリピンに来ているカメラマンは他にいません。あまりの暑さに、撮影した記憶が欠落してしまったのです。

暑い中、強行スケジュールで撮影を続けるＮＨＫチームに対し、フィリピンの人たちは「日本人は狂ってる。さすが特攻の国だ」と驚嘆したといいます。

「『日本人はなぜこんなにも仕事をするのか』って言われましたよ。でも、われわれはスケジュールもあるし、俳優さんの問題もある。どうしたってぎゅうぎゅうになって頑張って撮るわけです」（高橋・談）

スケール感も躍動感もこれまでの大河の枠を超えたと言える『黄金の日日』は視聴者にも熱狂的に受け入れられ、高視聴率を記録しました。その一方、格式や重厚さを否定し、創作性とエンターテインメント色の強い作品となっただけに、批判の声も大きかった。

近藤によれば、「大河ドラマというのは歴史をちゃんとやるということで、その知識を子供やなんかに代々伝えてきた。ところが今回は、いい加減な話じゃないか。責任を感じないのか」と週刊誌も雑誌も叩いてきたといいます。

これに対し、近藤も記者会見の場で毅然と反論をしています。

「僕はドラマを作っています。ドキュメントを作ってるんじゃない。だから、僕はこれでやっぱりよかったと思ってます」

それでも「あのシーンは史実としておかしい」など、細かく追及してくる者もいました。これには近藤もムキになり、論争を逆に吹っ掛けています。

「そこまでおっしゃるなら、僕もちょっと一つ質問したいんだけども。みなさん、時代劇で戦争といえば騎馬でやるじゃないですか。あのシーンをどう思われますか」

「いや、あれはあれでいいじゃないですか」と答えてきた記者に対し、「それは違いますよ。日本の馬というのは、いわゆる木曽馬という背の低い、大きな弁慶なんかが乗れば足が着いたと言われるぐらいのもので、ああいうサラブレッドというのは明治の末に初めて日本へ入ってきたわけだから、そういうことをおっしゃるんだったら、あんなのはみんな嘘を言っているわけです。なんでそっちはけしからんとおっしゃらないんですか」と言い返しました。

『黄金の日日』がマスコミからの批判はあったものの、視聴者からは大きな評価を得たことで、以降の大河の作り方はさらに自由度を強めていくことになります。

＊平均視聴率二五・九パーセント、最高視聴率三四・四パーセント

『草燃える』（一九七九年）

北条政子のコペルニクス的転回

一九七九年の大河ドラマも、従来の時代劇が描いてきた歴史観・人物像を大きくくつがえす内容になります。それが『草燃える』。源頼朝・北条政子夫妻を軸に、源平合戦から鎌倉幕府の設立、そして源氏の滅亡と承久の乱までが描かれます。

プロデューサーは、これまで『国盗り物語』『元禄太平記』『花神』でチーフ・ディレクターを務めてきた齊藤暁。今回のチーフ・ディレクターは『元禄太平記』『風と雲と虹と』

の大原誠、サードには『国盗り物語』『勝海舟』の伊豫田静弘と、大河ドラマのエキスパートたちが顔を揃えることになります。

彼らがまず考えたのは、どの時代を扱うかということです。

「やるなら今までやっていない時代をやりたい」

そう考えた大原は、室町時代を提案しました。足利尊氏を主人公にすれば吉川英治の小説『私本太平記』があるので、これを原作にできる。現場サイドで合意して、ドラマ部長に上げたところ、けんもほろろに蹴飛ばされたとのこと。

「天皇を吉野に追いやった男なんて、とんでもない」ということでした。

次に考えたのは司馬遼太郎の『坂の上の雲』です。日清・日露戦争を勝利に導いた軍部や政治家の活躍を描いた作品。しかし、これには膨大な予算が必要になります。特に日本海大海戦となれば、何隻もの軍艦を使わなければなりません。それはいくらなんでも無理だということになりました。幕末は『花神』でやったばかり、前年は『黄金の日日』なので戦国時代もできません。

そこで鎌倉時代になりました。以前に『源義経』はやっていますが、鎌倉時代そのものを描いたわけではありませんでした。

『源義経』では、義経を悲劇のヒーローとして描いています。『新・平家物語』では平氏の滅亡が描かれています。その一方で源頼朝はいつも脇役や悪役でした。

　そして、大原が注目したのが北条政子と北条氏の存在でした。


「重要なのは、頼朝の奥さんの北条政子です。彼女は承久の乱で上皇三人を島流しにしている。それは、すごくエポックなことなんです。平清盛は武家政権を樹立しましたが、結局は朝廷に飲み込まれているわけです。ですが、北条政子と弟の義時は上皇三人を島流しにしちゃう。これは僕にとっては、太平記の世界であり、明治維新なんだ。この事件は歴史上のコペルニクス的転回なんです。これで武家社会というのは決定的になるわけですから」（大原・談）

　そして、行き着いたのが、永井路子の小説『北条政子』でした。

　ただ、これまで大河で女性単独の主人公作品はありませんでした。そのため、「女性が主軸では難しいかもしれない」という声も出たため、頼朝とのダブル主人公という設定が浮上します。まず前半は頼朝を中心に描き、その遺志が北条政子に繋がっていく……という展開です。

　ＮＨＫの面々は帝国ホテルで永井路子に会い、その提案を持ち掛けます。ＮＨＫ側の提案を永井は快諾したといいます。それだけではなく、『相模のもののふたち』『炎環』といった、鎌倉時代を題材にした他の小説も全て原作にしていいと永井のほうから提案してきたのです。ただ、永井はこの時、条件を付けています。

「時代劇を脚色した人でない人に書いてもらいたい。そして、現代語調でやってもらいたい」

永井の小説は、たとえ鎌倉時代でもセリフは全て現代語で書かれており、いわゆる「時代劇口調」はほとんどありません。そこを脚本も守ってほしいというのです。時代劇に慣れた脚本家であれば、そこを変えられてしまう恐れがありました。

現代語の脚本

永井の意向を受けて脚本に起用されたのが、前年の「壬申の乱」が頓挫していた中島丈博でした。あまり時代劇を書いたことがなく、しかも土俗的なドラマやドロドロした人間関係を描くことを得意とする中島はうってつけの存在でした。

「こちらも『時代劇をやろう』という意識がないもんだから、脚本家として腕のいい人、ちゃんとドラマを書ける人に大河という枠の中で力量を発揮してもらおうという考えでした。丈博さんは土佐から出てきて、あの人の持っている土着性とか決してスマートではない部分、ある意味では泥臭い体臭みたいなものは、時代劇、しかも鎌倉時代という、武士といえども農民に近い時代には合っているように思えました」（齊藤・談）

ただ、大原が企画を中島に持ち込んだ際、最初は断られたといいます。

「大河なんてイヤだ」「大河ドラマの威風堂々というのがイヤだ」「なんかしゃっちょこばって、えらそうにして。それで英雄ばっかり描いてきている。そういう威風堂々なのがイヤだ」

そう突っぱねてくる中島に対し、大原は「まあ、そう言わずに『北条政子』をちょっと読んでよ」と永井の原作を手渡しました。中島は、その場で軽く目を通します。現代語で書かれたセリフ、偉人ではなくただの田舎娘として描かれている北条政子……それまでの大河から受ける印象とは異なる世界が広がっていました。

「現代語調で全部やるけどいいか」

中島はそう尋ねてきたといいます。もちろん、それが永井の条件なのですから、異存はありません。こうして、中島の登板が決まります。

制作発表の記者会見の席上で、齊藤も「今回はセリフも現代語に近い言葉でやりますよ」

と言い切っています。
　齊藤が永井や中島の提案を認めたのは、時代劇的なセリフ回しよりも今回の場合は現代語調のほうが合っていると考えたからです。現代人が演じ、現代人の視聴者に見てもらうわけだから、時代劇調よりも現代語調のほうが微妙なニュアンスを伝えることができる——と。特に、ホームドラマ的な家庭でのやりとりを描く場合は、現代語に近いほうが柔らかいニュアンスが出る。それが齊藤の見解でした。

「ある種の美学として、その時代の言葉をもっと大事にしてやるべきだという議論はもちろんあるでしょう。でも、作り手としては、いつもどっちを取るかの選択をしているわけです。そして、『草燃える』の時はほとんど現代語に近い言葉を遠慮なく使いました」（齊藤・談）

　本作での中島脚本が新しかったのは、その口調だけではありません。法皇からスラムの住人まで、様々な階層の人間が入り乱れて物語は展開していきます。しかし、その中には清廉潔白だったり、爽やかに健康的だったり、威風堂々と英雄的だったりする人間はほとんどいないのです。誰もがいじましかったり、欲得にまみれていたり、様々な暗黒の感情に囚われていたり……人間の弱さ、汚さ、醜さを抱えています。

脚本を書き始めるにあたり、中島は齊藤にこう言い放っています。

「テレビのブラウン管から歴史を引っ張り出す。現代の茶の間で見てる人たちの身近に歴史というもの、そこにいる人間を引っ張り出して見せる。テレビの世界にお客さんを誘い込むのではなく、そういう心構えで私はやるよ」

歴史上の人物たちをどこか遠くの世界に生きている偉人や英雄ではなく、現代人と何ら変わらない人間臭い存在として描こうとする中島に、齊藤も乗ります。

「大河が始まった頃は、いわゆる英雄譚ですよね。英傑の物語。見ているほうも英雄に拍手を送って、ある種の爽快感を得る。そこから脱却したかった」（齊藤・談）

頼朝と義経の逆転

従来の時代劇や舞台では「悲劇の天才的ヒーロー＝義経」と、「彼に嫌がらせをして追い詰めていく陰湿な頼朝」という義経＝善、頼朝＝悪の図式で兄弟の関係性は描かれてきました。敗れゆく者に味方したくなる大衆心理を、義経の官職からとって「判官びいき」と呼ぶほど、この構図は長きにわたって日本人に染みついてきました。

それを本作は反転させています。朝廷から独立した武士の政権を築こうと腐心する頼朝に対し、軍事的な才能はあるものの朝廷に取り込まれていく、世間知らずで兄の真情を理解できない「わがままの分からず屋」として義経は登場。これまでの関係性を逆転させているのです。

「永井さんの描く義経は、英雄として頼朝と対立して滅びてゆくというものではありませんでした。京都の朝廷や貴族に自分を売り込んで任官を受けて、関東武士の心意気が時代を変えるという頼朝のやり方と離反していく。ですから、こちらも視点を変えています」
（齊藤・談）

頼朝は京都に政権を置かず、鎌倉に政治の中心を置きます。それは朝廷の影響から離れて武士は武士なりに独立していくという意思表示でもありました。ところが、平氏滅亡後も義経は京都に留まり、頼朝の許可なく受けることを禁じられていた官位を勝手に受けてしまう。

朝廷が武士を傀儡《かいらい》化しようとする時、官位を与える。それによって自分たちの影響下に置こうとしたのです。義経は、その罠にはまります。朝廷からの独立を目指す頼朝はそのことに激怒し、両者は決定的な対立を迎えることに。

「義経というのは、百戦錬磨の天才的武将ではあったけれども、政治家としてのセンスはゼロです。全体をちゃんと見られなかった。永井さんはそこをきちんと書いているわけです。判官びいきじゃなくて、頼朝サイドの論理。武士政権を樹立するんだという志です。そのためには朝廷からなんとか離れなきゃダメだというのがあり、兄弟が対立するという図式になっています」（大原・談）

滝田栄の抜擢

源頼朝は石坂浩二、北条政子は岩下志麻、政子の弟で後に幕府二代目執権として北条の独裁体制を築く北条義時は松平健が演じています。

石坂浩二はすでに『元禄太平記』で柳沢吉保役を演じており、「従来は悪役だった人物の主役化」を経験しています。そのため、周囲からは冷酷と言われながら実は合理性に富む新しい頼朝像には彼しかいないということでの起用となります。北条政子は、松竹のトップスターである岩下志麻を当初からイメージしており、これも快諾をもらえました。

義時役の松平健は、齊藤が『花神』で「お試し」的に起用しており、この時は小さな役ではありましたが齊藤の脳裏にその存在は刻み込まれていました。そして大原に引き合わせたところ、大原も「色気があるし、体格もいいからぴったりだ」とすぐに感じ取り、決定となります。

そして本作にはもう一人、重要な人物が登場します。史実ではまったくの無名ですが、作中では大きく扱われる人物。それが伊東祐之です。これは、中島丈博が大きく膨らませたキャラクターでした。

東国の御家人でありながら政子に失恋して北条家から屈辱的な扱いを受けて失踪、以来、源氏と北条氏への恨みを糧に生き頼朝の命をつけ狙い、貧困の果てに人肉を食らうまで落ちぶれ、そこから改心して琵琶法師になっていく――そんな、時代の光と闇を体現したキャラクターでした。

これを演じたのは、当時は劇団四季にいた滝田栄。推薦したのは、デスクを担当した澁谷康生でした。

「私が『滝田栄ってのがいる』って言ったんです。彼は『冬の桃』というＮＨＫのドラマで脱走兵の役をやっていました。木の実ナナさんと三田佳子さんが相手役で。それまで見たことない新人でしたが、すごいんですよ、その迫力が。それをパッと思い出したんです

よ」（澁谷・談）

「祐之は新しい人を選ぼうと思っていました。その時にデスクの澁谷が『四季にでっかい、いい男がいるよ』と言う。それが滝田でした。で、滝田と会ったら、ものすごく立派なヒゲをつけていて、すばらしいんだ。『ウワァ！　こいつだ』と思った。それでもう即、滝田に決めたんですよ」（大原・談）

　ところが、撮影開始二週間前に大原が会った際、初対面時と印象がまるで異なっていて面食らったといいます。滝田はヒゲを剃ってきており、ヒゲのない顔は爽やかで迫力に欠けていたのです。といって、最初は若武者で出るわけだからヒゲを生やすわけにいかない。しかし、この顔では源氏と北条氏への恨みに生きる男の迫力が出ない。

　この綺麗な顔を、なんとかして汚さなければ……そう考えた大原は、初回に小競り合いのシーンを作ることにしました。ここで、眉間から斜めに滝田の顔を斬らせる。顔に刀傷を入れさせることで、端正な顔を潰したのです。そして後半になると、ヒゲをたくわえることができたため、最初のイメージどおりの姿で登場してもらうことができています。

郷ひろみの力演

抜擢といえば、頼朝と政子の長男で二代将軍となる頼家役もそうです。母の実家である北条家により死に追いやられていく、源氏の悲劇を象徴する役柄。これをアイドルの郷ひろみが演じています。

「最初のイメージは片岡孝夫さんでした。僕はこれしかないと思うキャスティングでしたが、ただ、石坂さんに孝夫さん、それに三代将軍の実朝が篠田三郎さんだと、源氏三代がみんな似た雰囲気の役者が続くんですよね。それだと、キャスティング全体を眺めた時にイメージがモノトーンになっちゃう。それで誰かが頼家を代えちゃおうって言い出しまして。忙しい孝夫さんのスケジュールをもらったのに、代えてしまいました」（澁谷・談）

この郷ひろみの頼家を、大原・伊豫田の両ディレクターは絶賛しています。

「頼家を誰に演じさせるかというのは大事な問題でした。頼家がアホに見えたら、殺されて当たり前と思われて困るわけです。だから頼家に郷ひろみを選んだ。実は岩下さんの推薦もあったんですよ。

まだ役者としては世にあまり出ていない時代でした。ところがすばらしい演技をした。すごい長ゼリフがあるんです、修善寺で政子と最後の別れをする時に。稽古から全部覚えてきて、あの岩下さんがタジタジとなるんだから、これは立派だったね。俺なんか撮っていてちょっと泣けたもん」（大原・談）

「鎌倉三代の家庭というのは、憎悪と溺愛の繰り返しです。それを郷ひろみさんはすごく見事に演じてくれました。

頼家の研ぎ澄まされた、精神が崩壊する寸前の感じがすごかったです。現場でも入り込んで。撮影が終わるとまったく違うんですけどね。詰めた芝居ができる人と思わなくて。撮ってるとこっちがゾクゾクするくらい。岩下さんとの掛け合いなんか、親子でありながら自分の子供を殺さなきゃいけないという岩下さんの苦悩もすごいんだけれども、お母さんに殺されに行くという、そういう頼家の悲惨さが表現できていました」（伊豫田・談）

ロケーションの多用

前作『黄金の日日』でフィリピンロケができたことからも分かるように、ハンディカメラの導入により思い切ったロケーション撮影が大河ドラマでも可能になっていました。そのため、演出の幅は大きく広がることになり、映像もバラエティに富んだものになっていきます。

大原は本作でロケーションを多用することで鎌倉時代の空気感のスケールを出そうとしています。

「東京近郊に鎌倉の町のオープンセットを作りました。牛車も通れるような大きな通りもあってね。当時の住宅公団の広大な所有地が生田《いくた》にあって、それがまだ造成もしてなくて貸してくれたんですよ。一年間そこを借り切って、二筋ぐらいの道、塀と館を作りました。

それから、合戦もずいぶん撮りました。石橋山の合戦とか、壇ノ浦。全部ロケでやっています。ですから同じ源平合戦でもスタジオの中だけで撮った『新・平家物語』とは作りがまったく違うんですよ」（大原・談）

ハンディカメラは『国盗り物語』で本格導入になりましたが、当時はまだ画質も悪かったため、照明を調整できるスタジオで使うしかありませんでした。それが『黄金の日日』のフィリピンロケを経て、『草燃える』の時代になると固定カメラと画質も変わらなくなっています。そのため、ロケーションでも存分に使えるようになったのです。大原によると、カメラマンが雑兵の格好をして合戦の中に入り込み、実況中継のような臨場感の中で撮ったりもしたといいます。

　ただそれでも、スケジュールに限りがあるため、多くの場面は屋外の設定であっても屋内のスタジオで撮影されるケースも少なくありませんでした。そのため、「ロケーションで撮った映像」と「屋外に見立ててスタジオで撮った映像」とを視聴者の違和感なく溶け込ませるために、中世の関東の空気感を屋内でも出すための工夫が必要になります。

　そこで出番となるのが、特殊効果――特効スタッフでした。彼らが扇風機を使って木の葉や砂埃を舞い上げたり、フォグメーカーと呼ばれる霧を発生させる機械を使って、屋外の情感を出していきます。つまり、スタジオのウソ臭さを特殊効果でカバーするようになったのです。


「カメラを含めて、技術革新がドラマを上質なものにしたということは言えると思います。映像で風が吹いているとまったく違うんです。葉っぱが動いていないと画が死ぬんです。庭から画を撮るでしょ。そこにひと風、当たっているのと当たってないとじゃ、まったく違う。特殊効果のスタッフが微風を当てるとスタジオでもすごくリアル感が出るのよ。さらに大きい扇風機を使って木の葉を回せば、もっと寒々とした画にもなる。

　ロケを多くしていく中で、それをスタジオとどう融和させるかというのは最終的には監督の腕だと思います。ロケを多用したら、ロケのリアリズムとスタジオの空疎な感じ——スタジオははっきり言うとつくりものですよ——そのつくりものとの違いがどうしても生まれる。それをどう融和させるか。画面をいかに不自然に見せないかというのは、演出のちゃんとした設計がないとできません」（大原・談）

殺伐とした展開

本作の終盤、頼朝の死後はほとんどの回で、権力の亡者となった北条氏の陰謀により将軍や有力御家人の誰かしらが暗殺・謀殺されるという、殺伐とした展開になっていきます。それでも、拒否反応を示す視聴者は少なかったようで、視聴率は最後まで高水準を保ち続けました。

「後半、実朝が殺されるし、頼家もあんな悲劇になるわけでしょ。ただし、そこは幕末と違うんだよ。骨肉の争いということもあるんだけども、そこにちゃんとドラマがあるわけです、討つ側にも。たとえば義経への頼朝の思い、頼家の思い、あるいは頼家への政子の思いというのがありますから」（大原・談）

大原は、たとえ殺伐とした展開になったとしても、殺す側と殺される側の双方のドラマがキチンと描かれていれば視聴者が拒否反応を示すことはないと考えていました。逆に言うと、そこが幕末ものの視聴率が伸びない理由の一つだというのです。幕末の暗殺は刺客による「人斬り」のため、討つほうのドラマがない。そのため、「ただ殺伐としているだけ」と受け止められかねないのだと。

それに対して、頼朝や北条氏が有力御家人を粛清していく際には、事前に「いかに朝廷が狡猾で腐っているか。彼らに政治を任せていては、誰もが苦労する。だからなんとしても自分たちの政権を作るしかない」という背景を入念に描いているため、その障害となる者は例外なく排除しなければならない——頼朝の論理も理解できるような仕掛けになっていると大原は説明します。そして、その志を政子と義時が受け継ぐ……という展開のため、彼らがいくら残酷な行為に及ぼうとも、見る側は共感できる仕掛けになっていたと。

敗れる側ではなく勝った側の視点からのドラマという、「判官びいき」という従来の日本人の嗜好や美意識そのものにも挑戦した野心的な作品だったといえます。

＊平均視聴率二六・三パーセント、最高視聴率三四・七パーセント

『獅子の時代』（一九八〇年）

山田太一の書き下ろし脚本

『黄金の日日』で大河ドラマに新風を吹き込んだ近藤晋プロデューサーは、その放送中に早くも一九八〇年の大河ドラマの担当を指示されていました。そして再び、無名の人間を主人公にした斬新な企画を開始します。

それが『獅子の時代』です。

舞台は幕末から明治時代にかけて。パリ万博で出会った会津藩士・平沼銑次と薩摩藩士・苅谷嘉顕という二人の架空の人物の生きざまを通し、時代の光と影を照射した作品です。

「今度はハッキリと史実にいない人物でやるということをまず思ったんです。それで僕なりに調べていたら、渋沢栄一の日記に行き当たりました。彼は西洋に使節団として行っているのですが、その時の日記に正使は誰で、副使は誰で、賄いがこの人で……と名前が書いてある。一番最後に、『その他、小者二名』というのがあったんです。それで、『これだ！』と思いました。その二人は名前すら分かっていません。それでも記録にちゃんと残っている。そういう人をやろうということだったんですね。その時に考えた設定というのは、一人は会津の小者で、剣の腕は立った。でも、結局、使者の中に入るような格でもないし、教養があるわけじゃないし、家柄もいいわけじゃない。不良剣士みたいなものですが、ただ用心棒のためだけに行ったというように考えました」（近藤・談）

そして、近藤は本作で大河史上初の試みをしています。

これまでの大河はたとえ書き下ろしであっても必ず「原作者」は存在していました。が、本作にはそれがいないのです。つまり、初の完全なるオリジナル脚本です。

その脚本を書いたのは、山田太一。ＴＢＳドラマ『岸辺のアルバム』（七七年）などの名作現代劇で人気を博していた脚本家です。近藤とはＮＨＫですでに現代劇『男たちの旅路』を作っています。

原作者の看板はなくとも、脚本家の名前だけで視聴者を引き付けられるし、一年もつだけのドラマに仕立てることができる――それだけの信頼が、山田の名声と腕前には寄せられていたのです。

「主人公が二人」というのは、山田の考えでした。苅谷嘉顕は薩摩から出てきてイギリスに留学したエリートで、ある程度の出世をしていく。もう一方の平沼銑次は会津藩士。時代遅れの剣士として生き、最後は反政府運動の闘士になっていく。この二人の人生を交差させることで、明治時代の明暗を重層的に描こうとしたのです。

ただ、現代劇とは異なり大河ドラマは史実関係の整理が大変です。ましてや原作なしの状況ですから、全てをゼロから積み重ねなければなりません。そこまで脚本家が一人でやっては執筆が追いつかなくなります。そこで、二人のスタッフが山田に協力することになりました。

ディレクター陣は『三姉妹』『天と地と』『新・平家物語』を担ってきた大河ドラマのベテラン・清水満をチーフに、これが初の大河演出となる重光亨彦・中村克史という二人の若手が加わります。その重光と中村が脚本の手伝いに入ることになったのです。中村はすでに『男たちの旅路』の演出も担当しており、山田とは勝手知ったる間柄でした。

この二人がまず年表を作ることになります。そして、その年表を参照しながら「ここのシーンにこの人物が出てきても嘘ではない」と架空の主人公たちの動きを史実の中に実際に織り交ぜていきました。

宇崎竜童の主題曲

『獅子の時代』は何から何まで、新しい試みが見られた作品でした。主題曲はその最たるものと言えます。

これまで大河のオープニング曲はNHK交響楽団（N響）の演奏によるものと決まっていました。が、今回はそれを大きく変えたのです。宇崎竜童率いるロックバンド、ダウン・タウン・ブギウギ・バンドに主題曲を作らせました。そして、それをN響とのコラボレーションで演奏させようというのです。

このプランを思いついたのは、重光と中村、二人の若手ディレクターでした。

「主題曲に宇崎竜童とダウン・タウン・ブギウギ・バンドを持ってきました。これは重光さんと僕とが強力に主張したんです。新しい時代の息吹を示すのと、その時代の名もなき人間たちがいかに歴史と切り結んで走り回ったかというドラマには、どうも従来のクラシック出身の音楽ではないだろうと思ったんです」（中村・談）
「中村と私で近藤さんに、宇崎竜童の音楽で行きたいって。会津のロケ先で近藤さんを説得するのに一晩かかりましたよ。これまでの大河にない新しさを出したくて。それでロック音楽を取り入れてみようということになりました。しかも、宇崎さんというのは、ロックではあるんですけど、太棹《ふとざお》的な音楽で人間の悲しみを表現するものには、わりと演歌っぽい匂いがありますから。そういうのは時代劇でも大河でも合うんじゃないかと思いまし

た」（重光・談）

この思い切った起用はNHK内で大きな騒動を巻き起こすことになります。

「N響が『ダウン・タウン・ブギウギ・バンドのバックで俺たちは演奏したくねえ』って言い出したんですよ。それで近藤プロデューサーの発案で、まず先にN響が録音して、そのあとでダウン・タウン・ブギウギ・バンドが音を入れるという形にして、それを後で合成して一つの曲を作ったんですよ」（清水・談）

その録音に行きつくまで、近藤はかなりの苦労をしていました。

「ダウン・タウン・ブギウギ・バンドで行きたい」

近藤がそう申し出た時、NHKの音楽部長は返事すらしてくれなかったといいます。ただ、近藤としては重光と中村の想いを理解できただけに、なんとかこの案を通したかった。そこで、N響に直談判することにしました。

しかし、N響側にも理解は得られませんでした。それでも最終的には「俺たちは知らないことにするから」という、「なにも知らずに録音に行ったら、そこに宇崎竜童たちがいた」とする形で納得をしてもらえました。それでも今度は、収録の当日にそのN響を指揮する指揮者が現れなかったのです。そこまで、N響にはダウン・タウン・ブギウギ・バンドへの強い拒否反応がありました。

そんな時、小松一彦というN響所属の若手アシスタント・コンダクター（指揮者の助手）が近藤を訪ねてきます。

「お話は聞きました。僕が振りましょう。その代わり、スタジオは二つに分けてください。一つのスタジオで一緒に音を入れるといったら、とても自分の先輩方は『わかった』とは言わないでしょう。『メンツにかけてもそんなことができるか』となってしまいます。その条件を飲んでいただけましたら、僕がまとめ役になりましょう」

こうして、大河ドラマ史上初めての、ロックとオーケストラとを融合させた主題曲が録音される運びとなりました。

パリでのロケーション

『黄金の日日』でフィリピンロケを敢行した近藤は、『獅子の時代』でも大胆な海外ロケをおこなっています。冒頭はパリ万博の場面から始まるのですが、その際、実際のパリの街中で撮影したのです。

「この時は江戸幕府と薩摩藩が両方とも日本を代表する形で万博に出品していました。それでお互いに壊し合ったりしていた。つまり、その当時の日本がどういう状況だったかということが、その万博の様子を描けば一発で分かるわけです。海外を描くことによって、逆に国内の事情が分かるということを狙いました」（近藤・談）

この時期の大河ドラマで示されていた「ハンディカメラでのロケ撮影」の威力が、今回のパリのロケーションでも存分に発揮されることになります。

「ダイナミックな動きを画面でも出そうとハンディカメラを多用しました。だから、パリのロケもほとんどハンディ。画面は常に動いています。スタジオでも動きのある場面はなるべくハンディで撮ろうとしています。撮り方もできるだけドキュメントふうに撮ろうという意識だったんです。そうやって動きのある動的な映像作りというのを心がけましたね。最初は『なんでこんなにカメラが動いてんだ』って文句を言われることもありました」（清水・談）

冒頭は使節団がパリのリヨン駅に降り立つ場面から始まります。これも実際の駅でロケ撮影されました。そして、周囲のフランス人たちはエキストラではなく全て当日に本当に駅を利用していた乗客たちです。日本で市街地などのロケ撮影をする際は、一般のギャラリーが映り込んでイレギュラーな言動をすることがないよう、スタッフが往来の動きを止める「人よけ」をしなければなりません。その「人よけ」をすることなく普段通りに乗客が利用する中で、江戸時代の扮装をした役者たちがいきなり駅に降り立ち、構内を歩くことになったのです。

「パリのリヨン駅に幕府の一行が着く。あのロケーションは本当にぶっつけ本番だったんだけど、当時もマルセイユからパリのリヨン駅まで汽車で幕府の一行が来たわけです。それと同じことをやりました。しかも、幕府の一行の周りにいる人たちは現代のお客さんなわけです。だから、タイムスリップしたような形に映っている。

でも、明治維新ってそういうものだと思ったんですよ。昔のリヨン駅に日本の侍たちが到着して、歩き出したら、パリの人々は違和感を持ったろうと。その違和感をより強調してやってみようと思いました。それならば、思い切って現代人の中を歩かせたほうが映像的にも際立ってきます」（清水・談）

そして、実際に撮影が始まると、不思議なことに行き交うパリの人々は誰も気にしないで「侍」たちの脇を通り過ぎていきました。追い抜く時にチラッと見ることはあっても、誰も立ち止まって見ようとはしないのです。

疑問に思った近藤は、ちょうど隣に立っていた現地在住の日本人に質問を投げかけます。「実は僕は人だかりができたら、人よけをどうしようかと心配していました。ですが、誰も立ち止まりませんね」

その時、その日本人は事もなげにこう答えたといいます。

「彼らはみんな自分の仕事が忙しいから、ちょっと気にはなっても絶対立ち止まったりしません。あとそれから、日本人は今もああいう姿で暮らしていると思っているんです。なので、何とも思わないんですよ」

菅原文太、初の大河ドラマ

主人公の一人、平沼銑次には菅原文太が扮することになりました。『仁義なき戦い』シリーズや『トラック野郎』シリーズなど、東映のアウトロー映画で人気を博していた菅原にとって、これが初の本格的なＮＨＫ出演となります。

菅原は近藤の依頼に対し、当初は「俺は絶対にやらない」と断ってきました。東映に掛け合ってみても「文太がやらないと言っている以上、あんたがいくら来てもダメだよ」と突き返されます。ただそれでも、直接に会う機会だけはできました。

「何を俺にやらせるんだ」

そう尋ねてくる菅原に対し、近藤は企画の発端となった渋沢栄一の日記を見せます。

「これです」と示す近藤に対して菅原は「これですって、何も書いてねえじゃねえか」と腑に落ちない様子を見せます。それでも近藤は続けました。

「その小者の一名をやってほしいんです」

それを聞いて、菅原は考え込み、しばらく黙ってしまいます。すると、傍らにいた菅原の妻が「それ、面白いんじゃないの？」と言ってきたのです。それを受けて菅原も、「本当にこれやるのか。どうやってこれで脚本を作るんだ」と前向きの質問をぶつけてきます。

「この人間のことは、いくら調べたって新しい情報が出てくるわけはありません。ただ言えることは、この人はあの時代に確実にいました。ただ、どういう人かは誰も分からない。つまり、この人物を主人公に持ってくるということは、史実をやるんだけれども、これまでの史実とは違うものをやることでもあるんです。そこに僕は賭けているつもりです」

近藤の言葉に、菅原も動きました。

「そういう話なら面白いな」

こうして、菅原文太の担ぎ出しは成功しました。

本作はロケーションも含めてハンディカメラを多用した躍動感ある映像が大きな特徴になっていますが、それは実は菅原文太の提案でもありました。菅原は『仁義なき戦い』シリーズなどで深作欣二監督と組んで、人間もカメラも荒々しく動き回る映像による生々しい迫力を創出しています。それを大河に持ち込もうとしたのです。

「俺はテレビの役者みたいに、一〇〇メートルも二〇〇メートルも走ってきたはずの場面なのに、カメラの横で足踏みだけしてハアハアって言いながらカメラ前に出ていくなんてことはできないぞ。二〇〇メートル走った設定なら、本当にＮＨＫの中を二〇〇メートル走らせろ」

それが、出演するにあたっての菅原の条件でした。ＮＨＫのスタジオにはそれだけの広さはありません。だからといって、スタジオの外を時代劇の扮装のまま走っても、他の局員を驚かせるだけです。そこで、できるだけロケに出そうとしたのです。

「文太さんが最初に、『映画みたいにダイナミックに撮ろうや』とおっしゃったんですよ。

『大河ドラマというと、セットで座って顔のアップの切り返しをしがちだ。でも、新しい時代をダイナミックに描くなら、スタジオでのアップの切り返しじゃないだろう。本当に走んなきゃなんない時、俺は全部走るから』というようなことがあって。ですから、その文太さんの動きを収めるために、『獅子の時代』は他の大河より一つ引いたポジションからカメラを撮っています」（中村・談）

ただ、ここでも問題が起きます。それはダブル主人公の序列です。

もう一人の主人公である薩摩藩士の苅谷は加藤剛が演じています。菅原も加藤も「主役」として受けていただけに、話は面倒なことになりました。

役者にとって、クレジットの序列は自らの格を示すものであるだけに、おいそれと譲るわけにはいきません。どちらがトップで、どちらがトメ（クレジットの最後）になるか。双方は揉めてしまいます。

そのため、最初のパリでのロケの時から両者は火花を散らし合うことになりました。セーヌ川で両者が決闘する場面があるのですが、お互いに「俺は主役だ」という意識でぶつかり合うものだから、ただの芝居を超えた激しい場面になったといいます。一方、スタッフたちからすると、どちらもちゃんと立てなくてはいけないものだから、気をつかわされることになりました。

そして、最終的にはプロデューサーである近藤の裁断に任されることになったのです。

「近藤プロデューサーが話をつけてくれました。菅原さんは映画のスター、加藤さんは演劇とテレビ界のスター。もうこれは甲乙つけ難い。ただ、一つつけるとすれば、菅原さんのほうが年齢が上だと。だから、ここは兄貴がトップで、弟がトリという形で収めてくれないかってことで話が決まりました」（清水・談）

文太への黄色い声

映画ではヤクザ映画を中心に躍動感ある激しい動きを売りにしてきた菅原文太なだけに、じっくりとした芝居を求める山田脚本とは当初は相いれないものがあったといいます。

「加藤君とはすごく僕は仲がよかったからね、加藤君には心配はなかったんですが――。

菅原さんは、とにかく動くことが大好きなんです。それで僕らも最初は心配に思っていました。ただ、まあとにかく懐に飛び込むしかないと。

セリフでもじっと座って話す芝居よりは、動きながら話したいって言ってくる。だけど、山田さんのホンはどうしても動きが足りない。そういう時は、菅原さんからいろいろ文句

がありました」（清水・談）

　最初はそうしたピリピリした雰囲気があったため、ここでも演出陣は気をつかうことになります。そして、パリのロケの時にある出来事に出くわします。

　セーヌ川で菅原と加藤が決闘する場面、菅原は時代劇の髷《まげ》に刀を二本さげるという扮装だったのに対し、加藤はフロックコート姿でした。その撮影が始まる時、たまたまノートルダム寺院に来る日本人観光ツアー客の一団がバスを降りて橋を渡ってきました。ロケは橋の下で行われていたのですが、観光客たちは橋の上から口々に「加藤さーん！」と声をかけてきたのです。

　それを聞いた菅原の付き人が観光客のところに駆けていき、「ロケ中だから静かにしろ！」と怒鳴ります。菅原に声がかからないことに、忸怩《じくじ》たる思いを持ってしまったのです。その様子を見た菅原は「テレビってすごいね。やっぱり加藤君ってテレビに出てたから、あれだけ人気があるんだね。映画にしか出てこなかった俺のことは誰も知らねえ」と言ったといいます。

　それから少し月日が経ち、数話が放送された後でのスタジオ撮影の際のこと。撮影の合間に菅原はＮＨＫ近くのレストランに食事に行きます。そこには、ＮＨＫ見学をする女学生の集団が居合わせていました。そして、彼女たちは菅原を取り囲み、「銑次さん！」と黄色い声援を浴びせながらサインを求めてきたのです。

　後に菅原は清水にしみじみとこう語ったといいます。

「俺はテレビをバカにしていて、これも東映から言われたからしょうがなくて出ようかと思っていた。お前らも悪いやつじゃないだろうから、一緒にやって楽しけりゃいいやと思ってやってたけど、実はテレビのよさというか怖さを俺は知らなかった。こんなに女学生に取り囲まれたのは初めてだ」

　そして最後に、こう付け加えます。

「テレビに出てよかった」


　斬新な音楽、パリでのロケーション、山田太一によるオリジナリティあふれる脚本、菅原文太の躍動感……『獅子の時代』は何から何まで新しい刺激に満ちた作品でした。しかし、結局のところ「幕末ものは当たらない」というジンクスを破ることはできませんでした。視聴率は平均して二〇パーセントそこそこ。当時では及第点を少し下回る結果に終わったのです。

＊平均視聴率二一・〇パーセント、最高視聴率二六・七パーセント

『おんな太閤記』（一九八一年）

橋田壽賀子のオリジナル

一九八一年の大河ドラマ『おんな太閤記』もまた、オリジナル脚本の作品となりました。

脚本を書いたのは、これまで現代人の日常を描いたホームドラマを得意としてきた橋田壽賀子です。本作では戦国時代の羽柴秀吉とねねの夫婦を一つの「家庭」と捉え、ホームドラマタッチで描いていくことになります。「表で戦う男性」ではなく「家庭を支える女性」からの視点を主軸に描かれる、初の大河ドラマでした。

プロデューサーは、『草燃える』でデスクを担当した澁谷康生です。

澁谷は秀吉を主人公にした大河を考えていました。しかしすでに『太閤記』の存在があるため、それならば妻を主人公にしてみようという「単純な発想」で『おんな太閤記』という題名を思いつきます。そして、戦国史研究の大家である桑田忠親を時代考証に持ってきて、入念に秀吉の家族の物語を構成していきます。

「ただ、橋田さんが起用されたのは意外でした。これは上のほうですでに決めていたみたいなんです。それなのに、こちらにはそのことを言わないんですよ。ですから、こちらが誰を候補に持っていっても通らない。そのうち上から橋田さんの名前が出てきたものだから、もう頭に来てね。橋田さんは時代劇を書いたことない人ですから。それで僕が全てコンセプトを書いて橋田さんに持っていきました。ですから、第一回の会見は修羅場でした。大喧嘩です。橋田さんも『そこまでするなら作家は要らないじゃない』っていうことになるわけですから」（澁谷・談）

澁谷は自身がプロデューサーを担当するときは必ず、「資料」という形で初回から最終回まで、物語の原案を自分で書くことにしていました。その上でその原案を五〇話に割り、各話ごとに内容を議論していく。その積み重ねで連続ドラマを作るというのが澁谷のやり方でした。

もちろん、そこまでプロデューサーにやられてしまっては、脚本家の領分に限りが出てしまいます。そのため、激怒する脚本家もいたといいます。初対面の折の橋田が、まさにそうでした。

「でも、こちらのコンセプトを読んだら、橋田さんも納得してくれました。それからは、

ものすごく仲良くなりました」（澁谷・談）

本作が新しかったのは、ねねが野心や出世よりも家族の幸福を第一に生きようとしたことです。

反戦思想で描く戦国時代

「私が担当したドラマは全て反戦思想です。それを端的に出したのが『おんな太閤記』でした。女や子供が平和に暮らせるような社会を作りたい。これが『おんな太閤記』の唯一のテーマです。

われわれの世代は戦前・戦中・戦後、全てで苦労しています。ですから、戦争は絶対いけないという強い考えを持っている。橋田さんもそれに共鳴してくれました。

戦争はいけないという大河ドラマ。私はそれを通してきました。それをなぜ戦国時代でやったかというと、戦争と平和の問題が一番問われるのが戦国だから。その中で戦争の悲惨さを描くことで、平和な世の中が欲しくなるような、そういう持っていき方を考えました。近年の大河みたいに、反戦平和の思想を露骨にやってはダメだと思います」（澁谷・談）

こうした澁谷の意を受けて、橋田は戦闘の勇壮さではなく家庭での人間模様の機微を丁寧に描いた脚本を書いていきます。

「どんな偉い人でも、家に帰りゃただの男ですよ。『おんな太閤記』は、そういうテーマなんです。橋田さんはそのへんが得意だから、僕のコンセプトに橋田さんが家庭的なことを入れてくれると、上手くいっちゃうんです」（澁谷・談）

ただ、この時の橋田は歴史のことをまったく勉強する気がなかったといいます。そのため、たとえば大坂城で山里曲輪《やまざとぐるわ》にいる淀の方が、ねねに挨拶にいく際、まるで２ＤＫのアパートで隣の部屋をノックして入るような狭い空間の感覚で脚本を書いてくる。そこを現場で直すのは一苦労だったといいます。その一方で、橋田脚本は長ゼリフの応酬で構成されており、情景描写であるト書きがほとんど書かれていません。そのため現場サイドは自由な発想で映像を作っていくことができました。

主人公のねね役には佐久間良子、秀吉役には西田敏行が起用されます。

「佐久間さんは若い時代から知っていました。佐久間さんは平幹二朗さんと結婚していたのですが、僕は平さんと仲良かったから、よく遊びに行ったんです。佐久間さんって、実はひょうきんなんですよ。ですから、彼女の地を生かせば面白い夫婦になると思った。『色気があり過ぎるから女性視聴者に嫌われるんじゃないか』という指摘もありました。だけど『佐久間さんの地を出すから』って。それで通しちゃった。

西田さんは、そんな佐久間さんとコンビを組んだら面白いだろうと思ったんですよね。平凡な人が天下人になっていくという話にしたので、あの人の人柄の良さが出ると上手くいくと思いました。それから、西田さんはセリフのキレがいい。橋田さんの脚本はセリフが長いですから、それをある程度こなせる人じゃなきゃいけないんですよ」（澁谷・談）

澁谷と橋田コンビによる、「戦国家庭劇」という新たな試みは大成功をおさめ、当時でも異例の三〇パーセント超えの平均視聴率を記録、秀吉がねねを呼ぶ際の「おかか」というフレーズは流行語にもなりました。

事前にコンセプトを入念に固め、力のある脚本家が書けば、原作に頼らずとも、また脚本家が歴史に精通していなくとも、大河ドラマは十分に成り立つ。そのことを本作は証明してのけました。この成功は大河制作者たちに「女性視点」と「平和思想」の重要性を知らしめることになります。

＊平均視聴率三一・八パーセント、最高視聴率三六・八パーセント

『峠の群像』（一九八二年）

討ち入りを否定する忠臣蔵

七八年の大河ドラマが商人の視点から信長・秀吉の治世を描いた『黄金の日日』。七九年が鎌倉幕府を作った側の人間の視点から、源平合戦から承久の乱までを描いた『草燃える』。八〇年がパリ万博からスタートして「世界の中の日本」という視点から明治維新を描いた『獅子の時代』。八一年が家庭からの視点で秀吉の出世物語を描いた『おんな太閤記』。

この時期の大河ドラマは、「定番」とも言える題材に対して新たな視点を持ち込む――という企画が続いています。

八二年の大河二〇周年記念作品『峠の群像』も、そうでした。今度は「忠臣蔵」を新しい視点から描いていったのです。

新しい視点からの「忠臣蔵」としては、これまで悪役として描かれてきた柳沢吉保を大石内蔵助と並べてのダブル主人公とした『元禄太平記』がすでにあります。が、本作はそこからさらに踏み込んでいます。

討ち入りまでに脱落していった者も含めた赤穂浪士たちの人間模様を描いた、タイトル通りの群像劇であることが、まず一つ。そしてもう一つは、これまで決して否定的に捉えられることのなかった「討ち入り」に対し、批判的なニュアンスを込めた内容になっている点です。

それを企画したのは、これが初の大河でのプロデューサー担当となる小林猛でした。

小林の狙いは、元禄時代から「昭和元禄」と呼ばれた現代を照射して描けないか……ということです。戦後四〇年近くが経ち、世間の考え方や文化が戦前とは大きく変わっていました。

そんな折、小林が気づいたのは「赤穂事件は当時の最後の戦争である大坂夏の陣からおよそ九〇年後に起きた」という事実でした。自分たちの生きる時代は戦後四〇年しか経っていないのに戦争の雰囲気は跡形もなくなっている。その倍以上も経った時代にあれだけの事件を起こすというのはどういうことなのだろうか——。小林の中で大きな疑問が生まれていたのです。つまり、「討ち入り」という浪士たちの行動と、「元禄」という平和な時代の雰囲気にあまりに食い違いが大きい。戦争から遠く離れた時代に、「忠義」だけであれだけの事件を起こすだろうか。そう考えたのです。そして、必ずしも「忠臣」としての精神で討ち入りをしたのではないか、と思い至ります。

「大石内蔵助も本心としては討ち入りはやらないで済ませたかったけど、そういうところへ追い込まれざるをえなかった――というようなことを考えました。堀部安兵衛は前に自分が仇討に成功して人気が出たもんだから過激派なわけです。そういう人間たちに押されながら、なんとなく追い込まれていったという。それを徹底してやってみようということで発想しました」（小林・談）

ちょうどそんな時、小林は堺屋太一のある雑誌記事を目にします。そこには「日本人は忠義な民族と思われがちだけど、秀吉恩顧の武将が家康になびいたり、幕末徳川の譜代大名が薩長に寝返ったりした流れを見ると、とてもそうは思えない」という疑問が投げかけられていました。

これはまさに「忠臣蔵」において小林自身が狙いとする視点でもありました。そして「堺屋さんにぜひ赤穂事件について書いてほしい」と思うようになります。そこで堺屋に話を持ちかけたところ彼も大いに乗り、企画は動き出しました。

忠臣蔵を題材にした作品で、「忠臣蔵」「赤穂」「浪士」「義士」「四十七士」「元禄」というお馴染みのワードを一切使わず、『峠の群像』と抽象的なタイトルにしているのも、本作の新しい点です。

「これは堺屋さんのアイディアです。『峠』というのはつまり、高度成長が崩壊するという現代のことでもありました。元禄の時代も七、八年ぐらいで享保の不況と同じような形で好景気が崩れていくわけです。この時代も現代も、人々は峠に立っている。その峠にいる人々の物語だ、ということなんです。ただ、地味なタイトルではあるので、そういうことで多少は損したかもしれません。

ですが、大当たり間違いなしともいえる橋田さんの『おんな太閤記』の後で単発系のドラマばかりを担当してきた私が大河に起用されたというのは、視聴率的な成功を期待されてのことではなかったと思います。当時のＮＨＫには視聴率至上主義の雰囲気はありませんでしたから、大河でも思い切った作り方ができたのです」（小林・談）

本作には石野七郎次という赤穂藩の架空の経済官僚を登場させ、彼を通して討ち入りへ反対する姿勢を描いています。

「『石野七郎次は架空というけれども、実は何人かいた人物を一人にしているだけだ』という言い方を堺屋さんはしています。実際、赤穂には経済官僚は何人もいましたが、それをそのまま何人も出すわけにはいかないから、石野という人物にまとめたというんです。ですから、別に架空の人物ではないんですね」（小林・談）

異色のキャスティング

脚本家の起用でも、本作はこれまでの大河ドラマとは異なるスタンスをとっています。従来、大河ドラマの脚本はその当時の人気脚本家や実績十分のベテランたちが担ってきました。一年五〇話を「国民的番組枠」にふさわしいクオリティで完走するには、それだけの腕前が必要だからです。その実績やネームバリューは、制作陣にとっての保険ともいえます。

ところが本作は、ほぼ新人同然で無名だった冨川元文が担当しているのです。冨川はＮＨＫと日本放送作家協会が共同で開催している「創作テレビドラマ脚本懸賞公募」の大賞に選ばれて脚本家としてデビューしています。そして、この時に審査員として強く推薦していたのが小林でした。小林はその後、冨川に単発ドラマを二本書かせてその才能をさらに気に入ります。そして、『峠の群像』の大抜擢へと繋がっていきました。

「従来とは異なる作り方のドラマですから、あまりイメージの固まった脚本家じゃないほうがいいと思いました。それで冒険だけれども冨川さんに頼もうかと。でも、途中から堺屋さんの原作が間に合わなくなってくるという状態になったものだから、かなりオリジナリティも必要になってきて大変でした。冨川さん自身はそんなに時代劇のことを知らないわけだし、堺屋さんだって『忠臣蔵』に詳しいわけじゃないですから」（小林・談）

一方、主人公の大石内蔵助役には実績十分の緒形拳が配役されています。

「大石にしてもあまり時代劇然としたタイプの人じゃないほうがいいと思ったんですよ。緒形さんは、すごくきつい顔をしたり、怒ったりする時はとても激しい表情をします。かと思うと、いたって大らかな、にこやかな感じもある。そういう、かなり極端に幅が出る人ですから、『昼行灯《ひるあんどん》』なんて若い頃言われたというぐらいの、大石のとぼけた実像に向いてるというところから出てきました」（小林・談）

吉良上野介役は伊丹十三が起用されました。

「吉良は悪役だから嫌だっていう俳優もいるけども、僕自身はまったく悪役だと思わない」伊丹はそう言って小林のオファーを快諾したといいます。

「吉良上野介という人は、文化人としての自分のやり方を貫いただけの人物で、悪口を言われることは何もしてない。むしろ浅野に問題がある」

それが伊丹の中での吉良像でした。従来の「忠臣蔵」観をくつがえす上では、理想的なキャスティングです。

加えて本作では、野村義男・薬丸裕英・小泉今日子といった当時の人気アイドルたちも大挙して出演しています。

「アイドルたちを使うというのは、ディレクターの岡本憙侑から出たアイディアです。こういう作り方なものだから、時代劇から遠い配役のほうが効果があるということでしょう」（小林・談）

こうして、『峠の群像』は様々な趣向を凝らし、これまでにない「忠臣蔵」の新機軸を目指していきました。「新しさ」を求め、「攻めの姿勢」を貫いた一九八〇年前後のＮＨＫ大河の、象徴的作品の一つといえます。

＊平均視聴率二三・七パーセント、最高視聴率三三・八パーセント

『徳川家康』（一九八三年）

最後の歴史大河

この時期、「定番の題材を新しい視点で描く」という大河が相次ぎました。そのことは、それだけ作り手たちに意欲があった証であると同時に、新たに題材になるような歴史上の人物が枯渇していたということでもあります。

そうした中で、大河ドラマに対して再び終息論が持ち上がり始めてきました。

ＮＨＫは一九八三年を最後に歴史劇としての大河ドラマを一旦やめて、八四年からはしばらく近現代劇をテーマにすることを決定します。明治維新から一〇〇年を超え、戦後もおよそ四〇年。近現代も「歴史」と踏まえ、大河の題材になる――というのがＮＨＫ上層部の判断でした。

そして、「時代劇としての大河ドラマ」の一応の最後を飾ることになったのが、八三年の『徳川家康』です。山岡荘八の同名大長編が原作になっています。

チーフ・ディレクターは、『風と雲と虹と』『草燃える』を手掛けた大原誠、プロデューサーは『おんな太閤記』の澁谷康生が担当することになりました。

変化球の大河が続いてきたので、最後は直球で終えよう——それが、両者の一致した考えでした。

「現代劇の大河に行くとなったので、どうせ最後にならあの江戸時代を作った——つまり、近代日本の始祖みたいなものです——その人の人生をちゃんと描かなかったらダメだろうと思った。それで大原とも話して、変にひねらないで剛速球で行っちゃおうよっていうことになったんですよ」（澁谷・談）

「『草燃える』の時から、『もう役目は終わった』『そろそろ大河も終わりでいいんじゃないか』という話がＮＨＫにはありました。扱う時代が重なるというのも大きかった。幕末だけでも『三姉妹』に『竜馬』に『勝海舟』に『花神』がありましたからね。もうあと一〇年間続けられるだけの題材が果たしてあるのかという疑問がありました。

それで、僕に話が回ってきた時に『大原、これで、時代劇としての大河はピリオドを打つ。お前のやる作品の後からは、現代へ突入するぞ』と宣言されたんです。『だから、それをベースにして企画を考えてほしい』と言われました。

その時に思ったのは、『もうこれは『徳川家康』以外ないな』ということでした。

今の日本の原点は、秀吉でも信長でもなくて家康なんです。家康は政権をとってそれから二六〇年の盤石の江戸時代を作る。この男を真正面から捉えない限り、大河も終わりを迎えられないんじゃないかと思いました。
この時期の大河は、ずっとカーブを投げてきたでしょう。『峠の群像』では討ち入りを否定し、『おんな太閤記』は戦国なのに秀吉じゃなくてその妻が主人公。『獅子の時代』にしてもそう。全部カーブなんだ。それならば、これで最後の時代もの大河なんだから直球で勝負だ、と。堂々と家康を真正面に据えようと思ったんです」（大原・談）

子役の効果

徳川家康を描くとなると、原作は山岡荘八の大長編があります。そして、山岡は家康の信奉者。それならば、ドラマ化する際も新解釈や新しい視点を交えずに家康の生涯を真正面から描こう。大原はそのような考えに至ります。

ただ、企画が持ち上がった時、ＮＨＫの内外から「『徳川家康』はやめろ」という声が出たといいます。これまで、家康は狸親父というイメージを持たれ、「嫌われ者」のポジションでした。「権謀術数を駆使し、豊臣家を滅ぼして天下を取った」というイメージがあるため、家康は「滅びの美学」「判官びいき」を好む日本人には受け入れてもらえないのではないか――。そのような不安から「これをやると、ヒットしない」と言われています。

それでも、決意した以上はこれをやりきると大原は企画を押しきっていきます。

一方の澁谷は、従来の家康のイメージである「狸親父」とは異なる山岡の想いを、『徳川家康』の原作の中に読み取っていました。

山岡は戦中に鹿児島県鹿屋《かのや》の基地で軍部の報道班員として過ごしています。そこは特攻隊の基地で、飛んでいったまま帰らない幾多の若者たちを見て「俺は生き残った。この人たちのためにも日本を戦争のない平和な国にしよう」と考えたといいます。澁谷は、その精神を『徳川家康』の基本コンセプトとしていきます。通底するのは、前に澁谷が担当した『おんな太閤記』から連なる反戦思想でした。

「当時の三河国というのは、織田と今川に挟まれた、終戦直後で言えばソ連とアメリカに挟まれた日本という国と同じなんですね。これがどこへ行くのかというのが『徳川家康』のテーマなんです。そして、戦いの時代を終わらせるために戦う。それが基本コンセプト。面白く作ろうとか、視聴率を取ろうなんて思って作ったわけではありません。そんなことを考えると絶対に失敗します。大河の作り手にはそれぞれに歴史に対する視点がなきゃいけないんです」（澁谷・談）

そして、このテーマとコンセプトを視聴者に理解してもらうために、制作者側は家康の幼少期を長めに描くことにします。家康は幼くして今川と織田の人質として過ごしました。その苦難の日々を通して、家康の置かれた過酷な境遇を描き、そこから家康が天下統一を志すに至る思考へ共感してもらおうという考えです。

「子供時代に苦労した姿を描くと、主婦の涙を誘います。そこを疎かにしちゃダメなんですよ。そういう戦略はありました。『母と子』というのは、大河をやっていく上で一つのポイントとしてあります。ですから、そこは泥臭くやっていい。序盤で母と子というのをちゃんと押さえて、視聴者の涙を搾り取るんですよ。

つまり、大河で大事なのは子役を使って、いかに幼少時代を上手く描くかということです。母と子のドラマはもちろんですが、そこには教育という問題も絡むでしょう。親世代の視聴者の関心はやっぱり子に対する教育です。どうやって子供をいい子に育てるか、あるいは将来、その芽を伸ばすことができるかという関心があるわけです。

家康の子供時代は悲惨なんですよ。そこを丁寧にやったから、『家康』も視聴者が見てくれたんだと思います」（大原・談）

脚本はＴＢＳの学園ドラマ『３年Ｂ組金八先生』で知られる小山内美江子。澁谷としては、小山内なら家康の子供時代のドラマを現代人にも共感できるよう書いてくれる——という狙いがありました。澁谷は母親の於大の方と幼い家康の関係を描こうと思っており、それには離婚して母一人の手で息子を育てた小山内が最適だろうと考えたのです。

「作家を選ぶ時は、作家にないものねだりしちゃダメです。作家にあるものを引っ張り出す。小山内さんは幼い家康と信長の関係もうまく書きました。あれもある種の親子のような関係から引っ張って、友情関係へと繋げていった。それが後に同盟になったという解釈を採っているわけです」（澁谷・談）

それでも、家康を描く場合はどうしても大きな壁にぶつかることになります。

子供の頃は人質として、大人になれば武田との闘争や織田との従属的な同盟関係で、それぞれ苦心と我慢の日々を家康は送ります。この時期は、視聴者にも確実に共感してもらえます。

問題は物語終盤です。晩年の家康は豊臣家を滅ぼしています。その際は従来のイメージの通り、権謀術数を駆使して、淀と秀頼を追い込んでいく姿を描かざるをえません。これをどうするか。

しかし、制作当初に基本コンセプトを立てた段階で制作者側の腹はすわっていました。

「このまま世が乱れっぱなしだったら平和は来ないという思想です。そこに絞りました。だから、武力を使ってでも統一国家を作りたいという。家康は天下を取ることを一つの使命として考えている。そういう解釈で行きました」（澁谷・談）

「秀頼を大坂城で追い詰めて、淀と一緒に殺しちゃうっていうイメージは、どうしても否定し切れないわけですよ。しかも自分の孫娘の千姫を大坂に送り込んで、彼女だけは助けている。だから、歴史上に『家康、卑怯なり』という部分はあると思うんだ。けれども、それは今回は勘弁してほしいと思った。

必ずしも秀頼を殺そうとは思っていなかったと思うんです。ただし、秀頼が大坂城にいては、もう日本の統一は成り立たない。だから礼を尽くして大和郡山へ移ってくれと頼んでいるわけです。淀は言うことを聞かない。プライドもあるから、だから、滅ぼさざるをえなくなる。晩年の家康って、ちょっと可哀想なところがあったと思います」（大原・談）

「狸親父」をくつがえす滝田栄

「狸親父」のイメージをくつがえすため、家康役には思い切った配役がなされています。長身で端正なルックスの滝田栄が家康を演じることになったのです。澁谷と大原は『草燃える』で滝田を抜擢した同士でもあります。彼の魅力を大いに評価していました。

「嫌われ者の家康像をくつがえす戦略として、これまでのイメージとまったく違う男をキャスティングしようと考えました。それで選んだのが滝田なんです。あえて長身で端正な顔をしたやつを選んだ。僕は『草燃える』の時に滝田はすごくよかったと思っていました。それで、滝田を大抜擢したんです」（大原・談）

配役の発表当初、視聴者からは「イメージと違う」という批判の意見も寄せられたといいます。それでも澁谷は「ドラマというのは肉体的特徴を描くんじゃなくて、心のひだを描くものだ」と、気にしませんでした。

秀吉役は、小山内が『金八先生』で組んできた武田鉄矢を推薦、これはすぐに決定します。問題は、信長役でした。

大原は当初、沢田研二を考えていました。そのカリスマ性が信長にピッタリだと考えたのです。ただ、沢田は土日にコンサートの予定が入っており、スケジュールを押さえることができませんでした。そして、キャスティング発表の二週間前の段階になっても信長役は決まらなかったといいます。

それならば完全な新人でいこう。制作陣はそう考えを転換しました。その中で候補に挙がってきた俳優が二人います。大原によると、それが役所広司と渡辺謙でした。

当時、役所は「無名塾」、渡辺は「円」、それぞれ新劇の劇団の若手俳優で、双方とも映画などでも実績を積みつつありましたが、大河で信長を演じるほどの知名度は一般層にはまだありませんでした。

「最初に謙さんに会いました。素晴らしいんだよね、目が鋭いっていうか。『おお、信長だな』と思った。ただ、会った時に耳が小さい気がしたんだ。後になって見たらそんなことはないんだけど、その時はそんな気がした。次に無名塾の役所に会ったら、これも素晴らしい。こっちは耳も大きい。それで俺は役所を選んだんだ」（大原・談）

一方、澁谷の話は少し食い違います。澁谷は最初から役所のつもりでいたといいます。

「信長については、戦国時代に無名の人がダークホースのように尾張の一角からのし上がってくるということなので、既成の役者は嫌だったんです。それで、ふっと思ったのが役所広司でした。

役所広司は『おんな太閤記』に出ています。織田信孝という信長の三男の役で。その時の印象がずっと残っていました。それで、新人の役者を使おうという時にバッと思いついたのが役所でした。

ただ、滝田、役所、武田で行くって言ったら、ＮＨＫ内で猛反発を受けましたよ。でも、『今までのキャリアで何本もやって勘がある。だから任せてくれ』と言って強引に通しました。みんなキャスティングの発想が安易なんです。人気のあるやつを持ってくれば視聴率が上がると思っている。それは大間違いなんです」（澁谷・談）

合戦シーンの撮り方

桶狭間、姉川、三方ヶ原、長篠、小牧長久手、そして関ヶ原に大坂の陣……徳川家康の生涯を描く上で幾多の大規模な野戦は欠かせません。といっても、これらを順番通りに毎回撮っていては時間も予算も足らなくなります。馬や雑兵や武具を揃える手間、スケジュール管理、そして人件費や衣装代や馬のレンタル代。たとえ大河でも、それは何度もできるものではありませんでした。

そのため、戦闘場面はドラマパートの撮影開始に先駆けて、まとめて撮られることになりました。クランクインして最初の一〇日間で全ての合戦シーンを一気に撮ったのです。

この時点ではまだ台本は全話揃っていません。しかも、大がかりな合戦の多くは物語後半に続きます。そのため、大原は合戦シーンの撮影用の台本を自らの手で書くことにしました。原作に則って書けばほとんどの軍勢の動きは把握できるため、大きな苦労はなかったといいます。

その台本を作った上で撮影用のコンテ（カット割り）を考えていきます。この時に大原の信念としてあるのが「絶対にロングはダメだ」ということでした。実は、予算として大合戦シーンにふさわしいだけの馬もエキストラも集めることは困難でした。関ヶ原の合戦なのに馬が二〇頭しか用意できない。それなのにカメラを引いてロングショットで撮ってしまうと画に空間が多く生まれ、合戦の迫力は出ません。そこで、アップのカットを数多く撮り溜めていくことにしたのです。

アップのカットの数が多ければ多いほど、編集をする段階での選択肢が増えます。そのため、馬から落ちる、槍で突き刺される……大原は様々なアップを撮りまくりました。そして、それを編集の時にモンタージュで繋げていく。ここで大原が気をつけたのは、一カットにつき一秒から一秒半しか使わないということです。そうして短いカットを繋げていくことで、スピード感を出すと同時に実際には馬も人も少ないということをごまかそうとしたのです。

「合戦シーンは編集が命です。僕は全て自分で編集しています。『草燃える』もそうだし、『家康』も全部。編集によって、作品が生きるも死ぬも決まるんですよ。だから編集担当に任せるよなんてことは、ひと言も言わない。編集担当が『家康』のときに、ちょっと不満を漏らしました。『私に一つも触らせてくれない』って」（大原・談）

この場合、最も大変なのは美術班です。その一〇日間でほとんどの合戦に関するロケ撮影をするため、その準備の手間が尋常ではなくなるのです。前の日にハードな合戦シーンを撮ったと思ったら、次の日にはもう旗指物《はたさしもの》と甲冑を新たに変えて別の合戦を撮ります。そのため、美術班は毎朝四時から準備をすることになりました。そしてエキストラを五時頃に集合させて、八時からの撮影開始のために雑兵の格好から作っていく。この雑兵が五〇人くらいいるため、手間も時間もかかったということです。

『徳川家康』は序盤から三〇パーセント超の高視聴率を記録、全体の平均も三〇パーセントを超え、大好評のまま終わりました。二一年続いた《時代劇大河》は、見事に「有終の美」を飾ったのです。

＊平均視聴率三一・二パーセント、最高視聴率三七・四パーセント

第六章　二つの三部作

大河ドラマ『いのち』（1986年）
三田佳子演じる主人公・未希は、
女医として戦後日本の混沌を生き抜いていく。
（写真提供：NHK）

『山河燃ゆ』（一九八四年）

近現代路線スタート

『徳川家康』がスタートから高視聴率をマーク、高評価のまま終えたことで、「歴史ものの大河をまだ続けられるのでは」という声もＮＨＫ内で上がり始めました。しかし、大河ドラマは大プロジェクトのため最低でも放送開始の一年前から準備を始める必要があります。そのため、近現代路線の企画はすでに『家康』の放送時には動き始めていました。もう後戻りはできなくなっています。

「近現代をテーマにした大河」は、まず三作を作ることが決まりました。プロデューサーはそれぞれ、一作目は『黄金の日日』『獅子の時代』の近藤晋、二作目は水曜時代劇『御宿かわせみ２』の松尾武、三作目は『おんな太閤記』『徳川家康』の澁谷康生が担当することになります。

このプロジェクトが決まった時のことを、松尾は次のように振り返っています。

「戦後これだけ経ってくれば、現代劇でも歴史上の人物というのはもういるはずだという考えだったんです。だから近現代大河をやるべきだというような経営判断がＮＨＫの上層部にはありました。それを受けて近藤晋は『一つのテストとしてやってみよう』っていうことを言ったんです。

それで彼が第一作をやることになり、近現代大河ドラマ三部作の一つの流れを打ち出した。明治・大正・昭和と一応その三つに時代を区切って、それで三作やってみようと。これはあくまでも実験だということでね。三作やると、『やっぱり時代劇は大河にはなくてはならないものだ』という意見が出てくるだろう。出てきた時にドンと戻せば、必ずまたヒットするんじゃないか。そういう考えでいました。

たしかに、これまでの大河が視聴者から飽きられてるんじゃないかという意識も強く出てきていました。ですから、近現代の大河を三本並べて、それからまた一から出直すということです。

近藤は市川森一さんと、松尾は中島丈博さんと、澁谷は橋田壽賀子さんとそれぞれ組む。そういう大御所を並べてスタートすればなんとかなるだろうというので、三作一緒に提案して企画が通ったんですよ」（松尾・談）

近現代路線の第一作を担当する近藤晋は、原作に山崎豊子の『二つの祖国』を選びます。

戦前にアメリカに移住した日系アメリカ人たちの太平洋戦争中における悲劇を描いた作品です。近藤は放送にあたり、タイトルを『山河燃ゆ』に変更しました。

「タイトルはさんざん苦労しました。前に『黄金の日日』をやった時に何か語呂のいいものがあったから、今度もそういう感じでいきたかった。そうなると『二つの祖国』じゃないんですよ。その上で山崎さんを納得させられるものでなくてはならない。そこで『日本中の山河が燃えさかった時期のお話』ということで『山河燃ゆ』に決めました。これで思い切って山崎さんのところへ行って『こういう題を考えました』と言ったら、『これならいいわ』と言ってくださったんです」（近藤・談）

チーフ・ディレクターは『国盗り物語』『花神』を手掛けた村上佑二。時代モノは手慣れた村上でしたが、初の近現代大河を任されるにあたり、新たな決意で臨むことになります。

「いきなりの現代劇ですからね。まず一番心配だったのは、これまで大河に付いていたお客さんが今後も付いてくるかどうか。

僕としましては、放送当時が日本の転換期だという意識が強かったんです。というのは、アメリカに対するドル高が進んで、日経平均株価が一万円を突破した頃で、要するにバブルにこれから向かうという時期。土地と株とか、僕らと縁遠いところで金が動いていく。そういう中で日本の敗戦の姿をもう一回、照射することは意味があるだろうと思ったんですよ。

それからあの頃『ピーターパン症候群』という、大人が大人になりきれないという現象が話題になっていました。大人になることを拒否する。体は大人でも心は子供。そういう若者が増えてきた。そういう時代にこれをぶつけてみようと考えました」(村上・談)

アメリカからの抗議

時代劇に比べて近現代の物語が難しいのは、当事者やその関係者たちが存命中でまだ生々しい記憶が残っていることです。そのため、作品の内容がさまざまな波紋を広げることになりかねません。時には大きなトラブルに発展するような、デリケートな問題をはらむこともあります。

本作は、戦時中の日系人たちがアメリカにより収容所に送られ、その後は米軍の兵士として日本と戦うという展開になります。その取り上げ方に対して、アメリカ側は神経を尖らせていました。

「『山河燃ゆ』をやっている時は、一か月に二回はアメリカ大使館か外務省へ呼ばれました。これは日米友好に背くことになる――という指摘があったんです。『先週の放送はこういう点が間違いだ』というテロップを流してくれと言われることもありました。

でも、『そんなことはできません』と僕は受けつけませんでした。『いっぺん流しちゃったわけだから、改めて訂正を流しても、見る側はややこしいだけでしょ。それに、誰もあれを見て日米の関係が悪化するなんてことを思う人はいないと思いますよ』と。それでも『アメリカのほうからかなり強く言ってきたから、今回だけは一字でも二字でもいいから直してくれ』みたいなことを言われました」（近藤・談）

反発があったのは、アメリカ政府からだけではありませんでした。当事者である日系アメリカ人たちもまた、その描かれ方に意見を出してきました。

近藤は日系人に取材した際、一世、二世、三世、それぞれの世代で日本に対する意識が違うと気づきます。一世に関しては山崎豊子が「二つの祖国」と言うとおり、「僕たちは日本人だ。僕がここにいるのは仮の姿だ」とアメリカにいながらも日本への帰属意識が強い。それが二世になるとかなり薄れ、三世に至ってはまったくなくなっている、と。近藤は、ある日系三世にこう言われたといいます。

「こういう描き方をされると、われわれは本当に困る。一世の方たちはたしかに努力してくれた。その点は感謝しているけれども、二世、三世にとって、二つの祖国というのはありません。祖国はアメリカなんです。われわれのアメリカでの地位もやっとここまで来た。それなのに過去を蒸し返してアメリカ人が意識すると、せっかく確立できた『日系アメリカ人』が成立しなくなる。だから、自分たちは何をおいてもこれに反対します。もしもあなた方が原作のまま強行するというんだったら、われわれは全員がアメリカで運動を起こす」

近藤たちは彼らのコミュニティに呼ばれて「いかに日系アメリカ人というものが認められるまでに苦労をし、今も苦労しているか。そういう姿をよく見ていってくれ」と頼まれました。

近藤もまた、彼らの考えを理解していました。アメリカという「祖国」のために戦いながらもアメリカ国内で差別を受け続け、近年になってようやくアメリカから「日系アメリカ人」という呼称を認められたばかりだったからです。それが、「彼らには日本への帰属意識がある」という描かれ方を、しかも影響力の大きい大河ドラマでされてしまえば全てが台無しになってしまう恐れがありました。

近藤は設定の変更を山崎に申し出ます。すると、山崎は「これでお終《しま》いやで」とだけ言い放ち、口も利いてくれなくなったといいます。それでも、近藤は食い下がります。

「山崎さんがおっしゃることはよく分かるし、それはそのとおりだと思います。ですから、『二つの祖国』というのは、それは立派に成立していると思うけれども、そこから下の世代は考えが違うんです」

それに対して、山崎はこう反論したといいます。

「いや、私は下の世代のことなんか知らんがな。あんた方が『二つの祖国』をやろうと私に言ってきたわけだから、今がどうあれ、当然そのままでやるべきだ」

それでも近藤は「そこだけなんとかお認めください」と食い下がり続け、なんとか山崎に認めてもらえています。

市川森一の苦闘

脚本は近藤とは『黄金の日日』でも組んでいる市川森一が担当しました。

しかし、自由な設定や展開を存分に盛り込める『黄金の日日』と異なり、ジャーナリスティックな視点がより強くなる本作の舞台設定は市川には合わない部分もあったようで、脚本作りは難航します。

チーフ・ディレクターの村上佑二は次のように振り返ります。

「市川さんはこの時、実はあまり書いてないんです。もちろん構成を立てる時にはいましたが、別な一人を立てて、その人がまとめていきました。だから、僕はもうやたら忙しかった。自分のも撮りながら、あとは全部の脚本の箱書き（構成表）、筋立て、それらに立ち合ったもんだから、もう死ぬ思いをしました」（村上・談）

サードとして参加した佐藤幹夫も、同様の指摘をしています。

「市川さん、はっきり言って書けませんでした。むずかしいドラマですし、歴史の史実から物語を起こすというのも不慣れな方でもあります。だから、最初からものすごく苦闘してましたね。市川さんは、もともとロマン主義でファンタジーの人ですから。そのロマン主義と東京裁判や戦後史がなかなかうまくマッチングできなくて。時代が現代に近づけば近づくほど、自由に世界を構築できなくなりますから、むずかしさがありますね。

それで、こちらもこちらで、どう面白くすればいいかの注文を脚本家に出すわけです。その注文を出した時に、その人の作家としての質じゃない注文を出しちゃうこともあるんですよ。ない物ねだりですね。そうすると余計に脚本家を追い込んじゃって苦しめちゃう場合があるんです。だから、腹の括り方として、始まる前にみんなでもっと話し合いをしてからやればよかったという感じがありましたね」(佐藤・談)

物語は、松本幸四郎(現・二代目白鸚)が扮する日系二世の主人公がアメリカ側の通訳として東京裁判に参加する場面から始まります。そして彼らの一家が日本からアメリカへと渡っていった時代を振り返り、最終回で再び東京裁判に戻るという構成になっています。山崎は『二つの祖国』を通じて日本では戦争の総括がなされていないことを批判しており、村上もそのことに強く共感していました。そのため、まずはその点は踏まえたいという意識を抱いており、脚本の順番を変えて東京裁判から始めたのです。

アメリカでのロケ

『黄金の日日』ではフィリピン、『獅子の時代』ではパリと、担当作品では必ず海外でのロケを続けてきた近藤晋は、今回もアメリカでのロケを敢行しています。

「アメリカへ行ったら、ユニバーサルのスタジオにリトルトーキョーのオープンセットが

あったんです。その街並を見たら、どうしてもここを使って撮りたいということになってきたんですよ」（近藤・談）

「海外ロケは最初だけハリウッドで撮りました。それも半日だけしか借りられなくて。（村上）佑二さんが撮るのがすごい速くて、向こうの担当者がビックリしていました。

他にもアリゾナの砂漠のシーンもサンフランシスコの周辺でロケしました。やはり、土地の空気が違うんですよ。空気が澄んでいて。日本で撮ると、どうしても霧がかかっちゃうんですよね」（佐藤・談）

アメリカの場面の全てを現地で撮るのは、スケジュール的にも予算的にも厳しいものがありました。そのため、大半の場面では日本で撮影した映像との合成が行われています。たとえば、村上は収容所の場面でアメリカのシエラネバダ山脈で背景の実景を撮影。収容所のシーンは、埼玉の川口にあるラジオ放送所（現・ＳＫＩＰシティ）が当時ほとんど原っぱだったため、そこに収容所のセットを建てて撮影が行われています。そして、後でその背景にアメリカで撮ってきた山の風景を合成ではめ込んだのです。当時、コンピューターを使った合成が可能になっており、それを使用しています。

また、収容所に向かう列車も同様です。アメリカに廃線の線路があったのでそれだけを撮影し、後はＮＨＫのスタジオで鉄道模型を走らせて、その二つをコンピューターで合成しました。その模型は、実際にアメリカの貨物列車の模型を作っている模型造型師に頼んでいます。煙まで吐けるようなリアルなものだったため、合成すると本物と見まがうほどでした。

こうした当時ではまだ珍しかったコンピューターによる合成が可能だったのは、ＮＨＫに優秀な技術スタッフがいたからです。村上が「宝物」と呼ぶテクニカル・ディレクターがＮＨＫにはおり、彼に相談すると「うーん」と考えて三日ぐらいすると、「佑ちゃん、この合成、できるかもしれない」と乗ってくれたのだといいます。そして、その間は局にこもって徹夜の作業を繰り返し、「できたよ」と持ってくる。まさに職人技です。

「かなり無理して背景を作ってもらいました。主人公がアメリカへ帰るのを弟役の西田敏行が見送るという場面は横浜でロケしました。それで、主人公が乗る船はオモチャのやつを合成してはめ込むことにしたんですよ。西田を背中から撮って、その向こうにオモチャの船を置いたんですが、計算外だったのが、西田敏行がガニ股だってこと。立っている股の間がものすごく空いていたんです。そこにも海の映像を合成して埋めなくちゃいけなくってね。それが大変でした」（村上・談）

三船敏郎の出演

本作では主人公たちの父親役で「世界のミフネ」こと三船敏郎がＮＨＫ大河に初めての出演を果たしています。

しかし撮影直前、三船は大きなトラブルに見舞われていました。三船が経営する三船プロダクションの撮影所が、資金難のために閉鎖となってしまったのです。

そんな時、近藤に三船から連絡があります。

「近藤さん、せっかく依頼してくださったけれども、私は降ろさせてください。ああいう事件が起きたのは、自分の要するに不徳の致すところだ。そういう不徳の致すところを自覚している人間がこういう役をやらせてもらって、しゃあしゃあとＮＨＫの画面に出て演じるということはできません。だから、今回は曲げて降ろさせてください」

ただ、ここで三船に降りられてしまっては、企画が立ち行かなくなります。近藤は必死に説得をしました。

「ＮＨＫのほうから『今回はこういう事情で降りていただけますか』とお願いするのなら分かりますよ。でも、ＮＨＫはこうやって三船さんが来いとおっしゃれば、すぐ飛んで来てるわけだから、まったくそんなことを考えてもいません。これに出ることは三船さんにとっても、恥ずかしいことじゃないと思います。それに、三船さんが自分の不徳の致すところだというところまで責任をお感じになっているのは分かりますが、三船さんに今降りられるとこちらとしても手の打ちようがなくなります。そこもご理解ください。もしも三船さんのところを去った人たちが何か言うようだったら、僕が行って説得します。彼らのこともいろいろ知っていますから」

　近藤の言葉を受けて三船は「じゃあ、明日の午前中に返事します。おっしゃることはよく分かった。ありがとう」と態度を軟化、翌日には「もうここまでやったわけだから、出させてください」ということで事なきを得たのでした。

　それでも近藤の気苦労は絶えませんでした。現代劇『男たちの旅路』以来の縁がある鶴田浩二は、『黄金の日日』『獅子の時代』と近藤がプロデューサーを務める大河に相次いで出演した間柄で、その流れで本作にも登場しています。これまでの作品では、大きなトラブルは何もありませんでした。ところが、今回は三船も出演することになり、日本映画が華やかだった時代の二大スターの共演が実現したことで、そのクレジットの序列に近藤は頭を悩ますことになったのです。

「近藤さん、来てくれ」

　近藤が呼び出されて控室に行くと、そこには三船と鶴田のマネージャーがいました。そして、「なんで呼んだか分かるでしょう？」と言ってくる。タイトル順で両者が揉めているのです。マネージャー同士の話し合いでも折り合いはつきませんでした。そこで近藤はある提案をします。

「ここで今、紙飛行機を折って飛ばすから、その順番で決めよう」

近藤の突飛な提案に、マネージャーたちも折れたといいます。

「そこまで覚悟を決めているのなら、分かった。われわれは一切言わないから自由にやってくれ」

そこで近藤は、両者が出演する回の全てで二人のタイトル順を変えることにしました。三船が中心の話の時は三船を頭に据えて、鶴田はトメに持っていくという方法でした。それで双方に納得してもらうことができました。

「頭とケツは自然に決まってくるんですが、二番目のクレジットとトメ前というのはどっちが上だってことになるんです。これは結論が出てないわけです。人によって捉え方が違うから。あといくら言っても、あえて賛成しない人もいます。そういう人の場合は、『その代わりギャラを積め』ということが多いですね」（近藤・談）

企画の開始当初はアメリカ側からの反発も大きかった作品でしたが、放送終了後には状況が変わっていったといいます。

「大河ドラマはアメリカでも放送されてたんです。ところが、これに限っては最初、許可が出ませんでした。それで公には日の目を見なかった。強制収容が描かれていますから、アメリカとしても具合が悪かったのでしょう、それで隠蔽に回られたというか。

ただ、ロスの日系人の間で見たいっていうんで、素材を送ったんですよ。それで火がついて、日系人のロビイストたちの働きかけで放送から三年後にレーガン大統領が日系人に対して謝罪をした。それで補償金を払うということに結びついたんですよ。

それを聞いた時、僕は『これをやってよかった』と思いました。日系人の強制収容のことは、もう歴史の陰に埋もれようとしていましたからね。もちろん山崎さんが小説で書いてはいましたが、やはり映像作品となると世間での広がりが違うんですよ」（村上・談）

様々なトラブルに見舞われながら、近現代路線の大河はなんとか第一歩を踏み出したのでした。

＊平均視聴率二一・一パーセント、最高視聴率三〇・五パーセント

『春の波涛』（一九八五年）

近代の壁

近現代路線の第二作目は、日本で最初の「女優」となった「マダム貞奴」を中心に明治の人間模様を描いた『春の波涛』でした。

プロデューサーは松尾武、チーフ・ディレクターは『三姉妹』『獅子の時代』と明治時代の大河をすでに二作こなしている清水満が務めます。主演には松坂慶子、貞奴の恋人で自由民権運動に身を投じる川上音二郎には中村雅俊が起用されます。脚本は『草燃える』以来となる中島丈博が書きました。

「明治のもので何か企画がないか考えていたんです。だけど、武将ものはできないし、政治ものもやりにくい。それなら芸術家がいいということで、マダム貞奴をやるのが一番無難だというので、中島丈博と相談して。それで、杉本苑子さんの『マダム貞奴』を使ってドラマにしてみようかと。実在の人物ですから、新聞記事とか資料はものすごくあるんです。それをうまく使いながら新たに書き下ろして、それに岩崎（福澤）桃介と貞奴の関係を描いた杉本さんの『冥府回廊』という二つの作品を原作にして中島さんが脚本を書きました。

　マダム貞奴を誰がやるかということになりまして。これは当時の女優でナンバーワンがいいということで、松竹の松坂慶子に出てもらうことにしました」（松尾・談）

　しかし、その制作にはさまざまな困難が待ち受けていました。すでに『三姉妹』『獅子の時代』で二度の明治ものを演出し、明治を描く大変さを熟知する清水満はこう指摘します。

「明治を正面からやろうとすると硬い話になっちゃうんですよ。自由民権とか難しい話が出てくる。それなら、逆にお芝居の話から入って、アメリカからパリに渡ってヨーロッパを一回りしてきた女優第一号の貞奴を主人公にしたらどうかということで始めたわけです。ただ、いくら歴史上の人物とは言っても、芸者が女優になって役者と結婚して一座を持って旅回りをしていったという話は、どう考えても大河にはなりにくい。でも乗りかかった船だから、もうやらざるをえないじゃないですか。これは苦労しました」（清水・談）

　川上音二郎が重要人物になってくるため自由民権運動も大きく扱うことになります。ただ、その展開は暗い上に、政治思想と闘争の話は背景に複雑なものがあります。そのため、視聴者に敬遠される恐れがありました。だからといって貞奴を中心とした芝居の世界に力を入れようとすると、劇中劇である演目を再現する必要があります。その準備も一苦労でした。そうした中で、かなり苦心の現場となったとのことです。

また、大河には「幕末・明治は当たらない」というジンクスがあります。本作もまた、視聴率的には苦戦をしました。明治ものの大河を二度担当してきた清水は、そのむずかしさの要因を次のように分析しています。

「幕末と明治は登場人物が多過ぎる。だからどうしても群像劇になりやすい。その中の主人公一人に絞り込んで、多少無理でも作っていくほうが感情移入しやすいんです。たとえば幕末を題材にしているのに『篤姫』が成功したのはそこだと思います。本当はすごく地味な話になるかもしれないのに、篤姫に焦点を絞って、篤姫から見た歴史の流れとかいろんな登場人物を、かなり無理な設定ではあるけれども、篤姫に感情移入できるように作っていますから」（清水・談）

清水の作ってきた幕末明治ものは、全て群像劇の構成になっていました。主人公はいるものの、主人公の生き方だけではなく、その人物の周りにいる人たちにまで深く話が掘り進められていきます。

「そうなると、視聴者は時代の流れや歴史上の人物たちの動きが、もう面倒くさいとなってしまう。それよりも、その人がどう生きたかとか、どう成功したかという話を見たいんですよ。

だから、出世物語というのは見ていてやっぱり気持ちがいい。乗りやすいわけです。見ていてワクワクする。ドラマってそういうものだと思うんです。心が躍るような話にならないと、楽しくない。でも、幕末や明治は話が暗くはなるし、登場人物も多いから、どこに感情移入をしていいか非常に分かりにくい。だから当たりにくいんですよ」（清水・談）

そうした中で清水が心がけたのは、「知らない世界を丁寧に描く」ということでした。本作でいえば、芝居の世界や芸者の世界といった、あまりこれまでの大河ドラマでは描かれてこなかった部分のディテールを作り込みながら、そこで視聴者に興味を持たせていくという狙いです。そのため、芝居を再現する際は多くの資料を集めてきて、それを土台にして細かく劇中劇を作っています。パリ万博で貞奴が芝居をする場面を撮影するのに、実際にパリで二週間の撮影もしました。

相次ぐトラブル

また、これは近現代を題材にしたために逃れられないことなのですが、前作『山河燃ゆ』と同様に、本作にも様々な方面からの抗議が寄せられることになります。扱う時代が現代から近いため、当事者や関係者からクレームが来る――。これは避けて通れない道でした。

今回も劇中に登場する実在する人物たちの子孫や関係者からクレームが数多く来たといいます。

「歴史ものだったら、たとえば『毛利元就』をやったとして毛利家をどう描こうが、よほどのことがない限り今の毛利家の末裔《まつえい》が文句を言うことはないわけです。ところが、貞奴とか音二郎とかだと、直接の関係者がまだいらっしゃる。その対応だけで毎週大変なんですよ。

だから、明治ってまだ歴史じゃないんだと思いました。まだ生々しい。これが単発ならいざ知らず、連続一年間やったら、クレームが大変なことになるから進行が混乱しちゃうんです」（松尾・談）

たとえば、ある人物が酒を飲んで酩酊したというシーンを作ったところ、その孫から「いや、うちの家系にはそういう人はいなかった」とクレームが来てしまう。それが近現代大河の難点でもありました。いくら「このドラマはフィクションです」と言っても、実在の人物の名前で出れば、「あくまで創作のドラマとしてやっています」とは言い切れなくなります。松尾たちは、最後までその兼ね合いに悩まされることになります。

トラブルはそれだけではありませんでした。放送中に著作権侵害で訴えられ、長い裁判闘争に持ち込まれたのです。

「僕は杉本苑子先生の本でやろうと思っていたから、あとは後ろにたくさん書いてある参考文献を読んでいきました。それから、国会図書館や早稲田の演劇博物館に行けば貞奴や音二郎や桃介に関する記事は嫌というほど出てくる。そういう資料を杉本さんの原作にプラスしていけば脚本を書けるという意識でいました。

そうしたら、同じ時期に貞奴を扱ったノンフィクション本が出たんですよ。その著者が、放送が始まってすぐに『春の波涛』は自分の本を原作にしていると言い出したわけです。こちらからすると、『何を言ってんですか、あなた』ということで会いに行きました。

で、向こうは『なぜ私の許可を取らないで松尾さんはマダム貞奴をやれるんですか』と言ってくる。こちらは『いや、マダム貞奴は実在した人物ですよ。それをなんであなたに断んなきゃいけないんですか。私はちゃんとマダム貞奴の身内の方々にもご挨拶して、『やらせてもらいます』と言ってますよ。で、その方も『いいですよ』と言ってくれた』と言い返しました。要するにお門違いもいいとこだと。

それでＮＨＫに帰って、著作権の専門家に聞いたら、こちらはこちらで杉本さんの作品を利用しながら中島脚本のフィクションでやればいいと言われた。杉本さんの本はあるし、それを含めて歴史的事実を踏まえながら中島丈博の考え方も入れた脚本にすればいいと。そういうことで進行していたんだけど、放送の真ん中あたりで、向こうが訴えるという話になってきた。それなら受けて立つということで。結果的に一〇年以上かかりました」（松尾・談）

松尾は弁護士と共に「翻案権」について徹底的に調べ上げ、中島の脚本と原告側の主張とを細部まで照らし合わせながら、「盗用」は一切なかったことを証明していったといいます。ＮＨＫの上層部からは「勝つんだったら裁判やれ。で、お前はどう思うんだ。勝つと思うか」と聞かれ、「絶対に勝てる」と答えたところ「だったら、責任を持って勝つまでやれ。負けたらお前が責任を取れ」と言われたとのこと。そして、最高裁まで持ち込まれ、最終的にはＮＨＫの主張が認められる形で結審しました。

＊平均視聴率一八・二パーセント、最高視聴率二四・七パーセント

『いのち』（一九八六年）

完全フィクションの現代劇

近現代路線は二作とも、内容自体の評価はともあれ、トラブルが続いた上に視聴率的にも今一つに終わります。その一方で時代劇ものの一応の最終作であった『徳川家康』が高視聴率を稼いだこともあり、ＮＨＫ上層部は「やはりそちらに視聴者の需要はある」と判断、当初の予定どおりに三作で近現代路線の終了を決定し、八七年の大河から時代劇路線を復活させることになります。

そして、この近現代路線の最後となる三作目で、ついに戦中から現代までの時代が題材になりました。それが『いのち』です。

津軽を舞台に、戦後の農地解放での農村の変化と、その中で医者として成長していく一人の女性の姿が描かれます。ここで大河として初めて、一人も実在の人物が登場しない完

全フィクションの作品が登場したのです。

　原作はなく、脚本は橋田壽賀子。プロデューサーは橋田と『おんな太閤記』で組んだ澁谷康生。チーフ・ディレクターは『国盗り物語』『草燃える』でサードを務めてきた伊豫田静弘でした。


「大河で、われわれが生きてきた時代をやってみたかったんです。それからもう一つ大きなコンセプトは、物を求める時代は終わった。心の時代だってことを訴えたかったんです」（澁谷・談）

　それを訴えていくには「医療の発展」を題材にするのが最も端的だと澁谷は考えました。そんな時に、たまたまＮＨＫを訪れていた若月俊一・佐久総合病院院長を紹介されます。澁谷は「今こんなドラマを作ろうと考えています。医療のド素人の僕ができるでしょうか」と若月に尋ねたところ、「やりなさい。素人だからできるんです。医学界に入っていると、かえって分からなくなることがある」と言われ、決意を固めていきます。

　その際に若月に言われたのが、「終戦直後の医療というのは三輪車です。今は原子力潜水艦だ。そのぐらい違いがある。だから澁谷さん、始めるなら、三輪車に乗るところから始めなさい。そこから勉強すりゃいいじゃない」ということでした。そこで、終戦直後からの医療の発展を描きつつ、日本の戦後を照射していくという企画の骨子が固まります。

伊豫田によると、テーマ選びの上でもう一つ大きかったのが、「どのようにして橋田さんが面白がって書いてくれるテーマを見つけるか」。そこで行き当たったのが、橋田も伊豫田も澁谷も昭和の時代を貧しい頃から生きてきており、昭和を描いていく中にそうした自分の半生を塗り込めたいという気持ちがある、ということです。

橋田もまた「やるなら終戦後からやりたい」と考えていたようで、自身が戦後すぐから苦労してきたことを投影したいという想いもありました。

ただ、大河ドラマとしては初の完全フィクション、しかも主人公は現代の女医という地味な設定の物語です。これを大河ドラマの枠で一年のシリーズとして続けるのはＮＨＫとしても大きな冒険でした。

理事会で異論を出してきたのは、後にＮＨＫ会長になる島桂次でした。

「現代史は一定の評価がまだない。報道がまだ扱い切れない現代史を、ドラマが扱い切れるのか」

この一言で、企画が引っくり返りそうになります。

そこで澁谷は「担当プロデューサーですけど、お目にかかれますか」と、一〇人ほどの理事一人ひとりに電話をして、全員に会って説得して回りました。その際、島は寝転がりながら澁谷を睨みつけ、「お前みたいな若造と橋田さんで報道も扱い切れない現代史が扱えるのか」と言ってきたといいます。

「扱えますよ！」

「面白くなるのか」

「面白くしますよ！　この企画が通らないなら俺は辞める。やりますよ！」

そう言い放つと、澁谷は島の部屋をそのまま出ていってしまいます。それでも、この努力が実ったのか企画はなんとか通りました。

「私は五三歳でＮＨＫを辞めていますが、なぜかっていうと島さんが会長になるからです。あの人、すばらしい人ですよ。先見の明もあるし、切れる人。ところがディクテーターなんです。リベラリストではない。それから与党と関係が深い。だから、あの人の下では作品を作れないと思ったから辞めたんです。島さんは頭がいいから始末が悪い」（澁谷・談）

三田佳子が演じる主人公は津軽の地主の娘という設定で、戦後の農地解放でそれまで小作だった農民たちとの関係性が変化していくというのが、医療と並ぶ物語の大きな軸になっています。そのため、農地解放による社会の変化、農村の変化、庶民感情の変化についても、本作では医療問題と共に入念に描かれました。

「庶民の生活を追っていけば、時代背景が一番分かるんです。偉い人の目で時代を見ていくんじゃないという意識がありましたから、絶対に偉い人を出しませんでした。

僕は日本人を変えた大きな要素って三つあると思ってるんですよ。一つはカラオケ。カラオケって日本人の性格変えましたよね。昔は照れ屋でマイクを前に何もできなかった日本人がマイクに慣れて恥ずかしがらなくなった。それから農協。農協は団体で外国旅行に行った。それで、平気で海外に出られるようになった。

そして、もう一つは農地解放なんです。日本が発展した大きな理由はその三つだと思うので、農地解放を徹底的に描きたかったんです。太閤検地から続いた寄生地主の制度に小作たちがいかに苦しめられたか。それが農地解放によってなくなって、百姓が自分の土地を持てるようになった。だから、学校にも行けるようになった。それで金ができて、その底力で戦後の日本は上がっていったわけです。一部の地主階級だけがお金を持ってるんじゃなくて、庶民が持てるようになった。そのへんの話というのは、同じく橋田さんが書いた『おしん』も同じですね」(澁谷・談)

橋田との脚本作り

橋田と澁谷、伊豫田らは舞台となる場所を探してシナリオハンティングの取材に出かけました。この時は物語の展開上、「医学部のある大学と、地主と小作の身分差の大きい農村が共にある場所」が条件となり、その中からロケーションや方言の魅力もあって津軽が舞台に決まります。

舞台が決まると、それから熱海の橋田の家に泊まり込んで合宿です。澁谷に演出陣、デスクを交えての全体打ち合わせですが、この時点で澁谷の頭の中では話の流れは全てできており、『おんな太閤記』の時と同様に「資料」としてこれを橋田に渡しています。

そして全体の打ち合わせをしたら、今度は一か月に一度ずつ、全スタッフを連れて熱海へ。そこで二日ぐらいの合宿をしながら、細かくストーリーを決めていきました。

「これは非常にユニークなやり方で、橋田さんだからできたんだと思います。橋田さんは人の意見を非常によく聞いてくれます。若い人の意見でも、全て聞くんです。

どうして若手まで連れていったかっていうと、その時は何も言えなくても、何年か経って自分がプロデューサーになった時に作家との打ち合わせはどうやったらいいのかということを、身をもって学ぶことができるからです。

ですから、今は橋田さんは嘆いてますよ。ホンを取りにくると、『ありがとうございました』と言ってすぐに帰っちゃうんだって。何も反論が来ない。僕なんかビシビシ直しますからね。『違うよ、これ。こういうことじゃありません』とか『カットしましょう』とか。橋田さんはいい意見ならいくらでも聞きます。『澁谷さんご自身が手を入れたのなら結構ですよ』って、そこまで信用をいただいていました」（澁谷・談）

主人公には三田佳子が起用されます。ここにも、澁谷のプロデューサーとしての強いこだわりが反映されていました。

「三田さんって、医者のイメージに合うと思うんですよ。誠実な感じがしますから。当時は女優としても脂が乗ってるところですから、きれいでした。僕はキャスティングする時、女は美しく、男は凛々しくと思っています。そのほうが見た目がいいじゃない。

大河なんて、一番大衆的なドラマですよ。それを勘違いしてる人が多くてむずかしく作るから、視聴者も見なくなっちゃうわけで。本当に大衆演劇なんですよ」（澁谷・談）

ただ、ここまで完全にオリジナルのドラマ、しかも現代劇となれば、「大河ドラマ」という枠組との折り合いの付け方が難しくなります。作り手側は、そこをどう意識していたのでしょう。

「現代劇を撮るという意識でした。もう大河ドラマの『タイ』の字すら考えもしなかった。ただ、放送時間帯、それから予算、それからそこに投じられるスタッフの人数というのはあります。たとえば、普通の現代劇をやる時は時代考証なんて入らないんですけど、今回は現代史の時代考証に入ってもらうとか。そういう骨格の大きさというのはあるんですよ。そうすると演出家としても、普通のホームドラマを撮ってる意識よりも高揚します。だから、そんな安易な妥協はできない。それは俳優さんもそうです。三田さんもそうでした」

(伊予田・談)

鎌倉から幕末にかけては、庶民が歴史の表舞台に出ることがほとんどありません。これまでの大河ドラマも、いくつかの例外はあるものの、ほとんどは歴史に名を残した者たちが主人公でした。一方、『いのち』は無名の人たちしか登場しません。そうでありながら、歴史的な事実としては終戦から現代までの激動の時代が描かれていきます。敗戦によって今までの価値観がまったく変わり、農地は解放され、今まではお嬢様と扱われた主人公は自分で職業を見つけて生きていかなければなりません。そうした中での人間の愛憎が描かれています。

「同じ橋田さんでも、ＴＢＳのホームドラマ、『渡る世間は鬼ばかり』とはまったく違うわけです。橋田さんもそういう意味では気を入れて書いていますから。でも、その描き方はあくまで橋田さんらしい庶民の目線でした。

これで近現代大河は終わるってことは決まっていましたから、絶対に失敗できないという意識はみんながありました。それが橋田さんの力のおかげで視聴率もよくて、ちゃんと幕を引くことができたと思っています」（伊豫田・談）

近現代路線は、ついに完全なるフィクションの人物たちを題材に、「現代」までも描くようになりました。それは、ドラマ表現の新たな地平を切り開くための、一つの壮大なる実験とも言えます。

こうして、近現代路線はこの三部作をもって幕を閉じることになりました。

＊平均視聴率二九・三パーセント、最高視聴率三六・七パーセント

『宮本武蔵』（一九八四〜八五年）

青春ドラマとして

大河ドラマが近現代路線に移行した一九八四年、ＮＨＫでは新しい番組枠がスタートします。それが水曜夜八時からの「水曜時代劇」枠の名称を変更した「新大型時代劇」。変更したのは名称だけではありません。これまでの大河ドラマと同じく一年に一本のペースで（八六年のみ四月〜一二月）長編の連続時代劇ドラマを作っていくという、大河が時代劇でなくなった分の代替とも言える枠でした。

その一作目となったのが、吉川英治の同名小説を原作にした『宮本武蔵』です。プロデューサーは前年の大河『徳川家康』から引き続いての澁谷康生が務めています。

「時代劇が大河ドラマからなくなることは、テレビ界、あるいは映像界にとって大きな損失だと思いました。それで慌てて『新大型時代劇』という番組枠をＮＨＫに用意してもらいまして、『宮本武蔵』を始めました。『徳川家康』が八三年の一二月で終わって、次の新大型時代劇が四月からオンエアしています。その間に一気に準備したわけです。

意識としては大河ドラマとまったく変わりません。ただ、宮本武蔵っていうのは人気があるのに大河では扱えなかった。それは、時代を前進させる人じゃないから。大河の主人公に求められるのは、何らかの形で時代を前進させた人物だったんですよ。それが、今度はもう大河の制約と関係ないので武蔵を選ぶことができました」（澁谷・談）

武蔵役には前年の『徳川家康』で澁谷が信長役に抜擢した役所広司、ライバルの佐々木小次郎役に新人の中康次、武蔵と行動を共にしながらやがて別々の道を歩むことになる本《ほん》位《い》田《でん》又八役に奥田瑛二。いずれも当時としてはフレッシュな顔ぶれとなりました。

「狙ったのは青春グラフィティでした。武蔵も小次郎も又八も、もし五〇年前に生まれたら、信長だったり秀吉だったり家康だったりしたんじゃないかという考えがありました。ところが関ヶ原が終わって世の中が閉塞したので、もう上には上がれないわけです。それは現代と同じだと思いました。そういう時代に若者たちはどうもがくかというのをやってみたかった。武蔵はストイックになった。小次郎は権力に憧れた。又八は自堕落になった。この三人の若者をとおして、現代の青春を描きたかったんです」（澁谷・談）

澁谷には「新人を使った場合は二、三本は面倒を見ないと役者は一流にならない」というプロデューサーとしての信念がありました。そのため、前年に信長を演じた役所にもう一回違う役で一年間やらせたかったという想いがまずありました。むしろ、役所広司を使いたいという発想から『宮本武蔵』という企画になったという側面すらありました。

中康次との出会いは、『徳川家康』の撮影中でした。この時、澁谷は初めての大河主演となる滝田栄の面倒を、家康の家臣役で出ていた長門裕之に見てもらうよう頼んでいました。そんなある時、澁谷、長門、滝田の三人でステーキ屋で食事をすることになります。この時、澁谷だけが遅刻してしまいました。その時に店にいたのが中でした。中は長門と同じプロダクションに所属していて、長門に挨拶に来ていたのです。澁谷はこの時に中とは初めて会ったのですが、ここですぐに「これで小次郎は決まった」と直感します。長身のため、長刀を抜くのが様になる、と。

「そんな感じで『武蔵』は『家康』をやっている最中に準備を進めていたので、役者に出演交渉をする時『どっち？　大河のほう？』って聞かれることがありましたね」（澁谷・談）

スタジオでの決戦シーン撮影

『風神の門』でＮＨＫ時代劇に新風を吹き込んだ吉村芳之も、本作のディレクター陣に加わっています。今回は、ロケ多用の『風神の門』から一転、決闘が続く武蔵の半生をロケーションではなく、屋内に屋外風のセットを建てながら撮影しています。

「内田吐夢監督が映画でやった『宮本武蔵』五部作がすごく印象に残っていたものですから、スタッフ全員を連れて、東映に頼んで東映本社で参考の試写会やらせてもらったんですよ。とにかく僕はもうこれをやりたいんだとみんなには伝えました。でも、当時のようなロケーションができる場所は東京近郊にはありません」（吉村・談）

そこで吉村は、１０１スタジオというＮＨＫ最大のスタジオに段々畑のような泥田を作り、そこを一乗寺の決戦の場に仕立て上げました。そして、殺陣師には「ワンカットで五〇人斬るような殺陣を考えてくれ」、と指示を出しています。

「ただ、泥田だからもうスタジオ全体がドロドロになりましてね。もともとそこは歌謡ショーとかのためのスタジオで、泥を入れるなんてとんでもない。それがもう泥だらけに

なりましたから、後の掃除が大変でした」(吉村・談)

制約のある大河ドラマとは異なるこの枠で、制作陣は存分に時代劇を作っていたのです。

『真田太平記』(一九八五〜八六年)

今度は家康を狙う!

新大型時代劇の第二弾のチーフ・ディレクターには『徳川家康』の大原誠が起用されています。大河ドラマと同じで、この枠も準備は一年前からしなければなりません。大原は『家康』を撮り終えてすぐに、その準備にかかりました。

「僕はもう『家康』を最後にして大河から撤退しようと思ってたんですよ。そのとき四五、六だったしね。男の働き盛りって四四、五なんです。知力、体力、それから判断力等々を総合するとね、これを過ぎたらもう衰える一方だから。何より大河ってのはものすごく体力が要るんだ。だから、これを最後に当分は大河から身を引こうと思ってたわけ、本当に。それで、そういうことも周りに宣言してて。ところがね、『徳川家康』を撮り終わった後に、ドラマ部長から呼び出し食らって。新大型時代劇の二作目をやれっていうわけだよ。僕はもう嫌だって言ったの。本当に一年間の時代劇って大変なんだ。撮影はもちろんだけど、その準備からしてね。しかも戦国をやるっていうのはね、実に大変なんだ、馬が絡むし」（大原・談）

　それでも大原は結局のところ引き受けることになりました。持ち上がってきた企画は池波正太郎の同名小説を原作にした『真田太平記』。

　主家の武田家が滅亡し、織田、豊臣、徳川と政権が移り変わっていく中を、北信濃の小大名・真田氏がいかに生き抜いていったのかを描いた作品です。

「それで何をやるかと聞いたら『真田太平記』だって言うんだ。それ、ちょっと待ってくれよと。僕は『徳川家康』を半年前までやっていたんですよ。山岡荘八さんは家康崇拝者だから、家康を褒め称えて原作を書いてるわけ。僕もそれに乗って、家康がどれほど素晴らしい人間かっていうのをずっと描いてきた。ところが『真田太平記』というのは逆なわけです。真田側から書いてるから、家康憎しなわけだよ。昔のイメージのままの、いわゆる狸親父の家康という姿。その家康をつけ狙う話だからね。だから、それはいくら何でも勘弁してよと。『別の人に頼んで』って言ったんです。

ところが、ダメ。時の部長が『大原、お前はプロだろう。原作によって、お前の思想まで変わるわけがないじゃないか。プロなら腕で見せろ』と。そうまで言われたら、もうどうしようもない。分かった、じゃ、僕も割り切ろうと」（大原・談）

真田家の当主で権謀術数を用いて乱世を生き抜こうとする真田昌幸に丹波哲郎。その長男で、家康の養女を妻にして真田家を存続させる信之に渡瀬恒彦。次男で、大坂の陣で家康との決戦に臨む幸村に草刈正雄。若手中心の『宮本武蔵』から一転して、キャリア十分な俳優たちがキャスティングされています。

「昌幸には、僕は緒形拳を選んだんだ。で、交渉したら緒形も乗り気になってくれてね。僕は緒形とは『風と雲と虹と』で一緒に組んでいるので勝手知ったるところがあったから。それなら幸村は若い人がいいと思っていたんですよ。

そしたら、緒形が突然、僕を呼び出して。『大原さん、勘弁してくれ！』って言い出したんです。ギョッとしてさ。『どうした？』って言ったら、『今村昌平監督の映画にどうしても入んなきゃいけなくなった』。あの人と今村昌平はいろんな作品を作ってるわけだよ。そ

れで、撮影のためにインドへ行くっていうんだ。『もうどうしても俺は断れないんだ』と手を合わせられた」（大原・談）

　そこで、大原は全ての配役を変えようと決めます。まず昌幸役には丹波がキャスティングされました。しかし、丹波が昌幸となると、その息子たちもそれに合わせて俳優は若手では難しくなります。緒形と丹波では、丹波がはるかに年上だからです。そのため、二人の息子の配役も丹波に合わせて年齢を上げ、渡瀬と草刈が起用されることになりました。

　そして真田一族に立ちはだかる家康役には、中村梅之助がキャスティングされています。精悍《せいかん》な『徳川家康』の滝田栄から一転、従来のイメージ通りの「狸親父」そのもののキャラクターで演じています。

「こうなれば、家康はもう狸親父で行こうと思って梅之助さんに頼みました。もう見事な狸ですよ。ピッタシだった。滝田の家康っていうのは若い時もやんなきゃいけなかったけど、梅さんの家康はそうじゃないからね。だから、これはこれでとてもよかったと思いますよ」（大原・談）

女忍者の迫力

本作の大きな特徴は、真田家が忍者部隊を組織していて、同じく忍者を駆使する豊臣や徳川と諜報合戦を繰り広げるところにありました。忍者たちのアクロバティックな動きを、大原は当時開発されたばかりのＣＧ技術を駆使して演出していきます。

そして、その上で重要な役柄となるのが、真田の女忍者・お江です。お江は幸村と恋に落ちながら、それを隠しつつ幸村のために命賭けの任務に従事する、ヒロイン的なポジションにあります。これを演じたのは宝塚出身の遥くらら。

大原としては、たとえば『水戸黄門』における由美かおるのような、妖艶でいていかにもアクションが出来そうなイメージの女優は使いたくありませんでした。いかにも忍者っぽい雰囲気ではなく、どこかお嬢様的な女優が忍者をやるほうがお江のイメージに合うと考えたのです。

ちょうどそんな折に、遥くららが宝塚を退団します。遥は宝塚では娘役をしていたから、そのイメージにちょうどいいと判断し、彼女にターゲットを絞ることにしました。

慣れない役というのもあり「くノ一なんてとんでもない」と断り続けた遥ですが、大原たちの熱心な説得を受け、出演を承諾します。

「彼女もやっぱりすごい女優でした。たとえば水の中へ潜って戦うシーンがあるんですが、そのために潜水の免許まで取ったから。そんな撮影、いきなりじゃできないわけです。水中で呼吸をしなきゃいけないわけだから。それで一か月ぐらい練習してもらって。非常に努力家でした」（大原・談）

長年、大河ドラマの第一線で演出してきた大原が撮っただけに、合戦や諜報の迫力、存分なベテランたちの芝居、濃厚な人間ドラマ——と大河とまったく遜色のない作品に仕上げることができています。

『武蔵坊弁慶』（一九八六年）

中村吉右衛門のスケール

一九八六年の新大型時代劇の三作目は、富田常雄の同名小説を原作にした『武蔵坊弁慶』です。プロデューサーは『御宿かわせみ』『風神の門』の村上慧、チーフ・ディレクターは『獅子の時代』の重光亨彦が務めています。

主人公の弁慶役には、歌舞伎役者として脂が乗っていた中村吉右衛門が起用されました。

「吉右衛門さんは前にもいろいろ舞台を見てましたので、一回どこかでお願いしたいと思ってたんです。特に『勧進帳』でのあの人の弁慶はすごかった。ですから、この人がいいだろうと思いました」（村上・談）

「吉右衛門さんで弁慶っていうのは村上慧さんの企画です。僕は吉右衛門さんと付き合ったのは初めてですが、歌舞伎の方にしてはテレビ的な演技をすることもできると思いました。しかも、テレビ的でないスケールの大きさみたいなものも出す。そういう吉右衛門さんの役者としての太さはものすごく勉強になりましたね。たとえば、弁慶が短刀で相手を軽く脅かして、その短刀を捨てる時、横に投げて捨てるかなと思っていたら、ポーンと後ろに放るんですよ。その辺のスケールの出し方がカッコいいと思いました。そういう所作はものすごく勉強になりましたよ」（重光・談）

ただ、一つだけ引っかかる点があったようです。通常の時代劇であれば義経が主人公で弁慶が従者となります。本作は弁慶を主人公に据えている点が新しい。それでも、物語は義経の行動によって動いていきます。そのため、その両者の描き方のバランスは難しかったようです。

「今度は『義経と弁慶』じゃなくて『弁慶と義経』。でも、どうも出てくるホンが義経の脇にいる弁慶でしかない。それで吉右衛門さんがホンができるたびに、『ここはよくない』って言うんです。だから僕が吉右衛門さんと話し合いながらホンを直していきました。

吉右衛門さんは、そこまでホンにこだわっていたんですよ。その分、芝居もとても頑張ってくださいました」（重光・談）

錦之介、再登場

義経役には朝の連続テレビ小説『澪つくし』で人気の出ていた川野太郎、その前に立ちはだかる兄・源頼朝には菅原文太がキャスティングされました。そして、義経一行には加藤茶やジョニー大倉が起用されるなど、多彩な面々が登場しています。

菅原文太はすでに『獅子の時代』の出演で気をよくしており、ＮＨＫには気前よく出るようになっていました。村上は現代劇『パパ、スカートはいてよ』で菅原をキャスティング、「いいよ。面白いからやろう」と即決で出演を決め、そこで縁が出来ていました。そのため、今回は脇役でしたが、「頼朝は文太さんしかいない」と、キャスティングしました。

加藤茶は、村上が「たまたまテレビを見ていて面白そうだから」の起用となりましたが、ドリフターズとして忙しい時期で、スケジュールが合わなくて大変だったといいます。ＮＨＫに来て、一時間で帰るという状況でしたが、時代劇だからメイクアップだけでも時間がかかる。そのため、撮影に割ける時間はごくわずかしかありませんでした。

「なんだか面白そうなやつはみんなお願いしたんですよ。これは勘です。当時、ＮＨＫっていうとみんな喜んで出てくれるんです。ジョニー君もそうでした。機嫌よくやってくれた。とにかく、もうやたらにテレビ見ていましたよ。テレビを見て、『あ、こいつは面白い』っていう人をメモしてね。プロデューサーの仕事はキャスティングが全てです。脚本も大事ですが、やはりなんといってもキャスティングです」（村上・談）

　そして、義経たちが頼りにする奥州の覇者・藤原秀衡には『春の坂道』以来のＮＨＫ出演となる大スター・萬屋錦之介（中村錦之助から改名）がキャスティングされました。錦之介の演出をしながら、重光はその芝居に圧倒されたといいます。

「吉右衛門さんと錦之介さんがやると、あの吉右衛門さんが小さく見えるんです。芝居ってすごいなと思いました。いつもは吉右衛門さんが偉大だと思って見ていたのが、錦之介さんが来ると今度は錦之介さんが大きく見える。もちろん役もそれだけ大きいのですが、錦之介さんのあのセリフの言い回したるや堂々としていて、ものすごい。

芝居って面白いと思うのは、そういうふうに無限大に広がるような演技が出てくるっていうところですよ。高倉健さんとも文太さんともまた違う、しかも吉右衛門さんともまた違う、そういう錦之介さんのすごさと遭遇できたのは、運がよかったと思います」（重光・談）

新大型時代劇は、大河が近現代路線になった穴を十分に埋める力作が続きました。八七年に大河が時代劇路線に復帰することでこの枠は三作をもってなくなりますが、ＮＨＫの大作時代劇のノウハウを維持する、重要な役割を果たしています。

第七章　復活と飛躍

大河ドラマ『独眼竜政宗』（1987年）
若き渡辺謙が主役を演じる本作で、時代劇路線が復活。
大河ドラマ歴代最高の平均視聴率を記録した。
（写真提供：NHK）

『独眼竜政宗』（一九八七年）

時代劇路線の復活

大河ドラマの近現代路線は三作で終焉を迎えました。特に最初の二作は何らかのトラブルがあった上に視聴率としても芳しいものではなく、近現代を「歴史」としてドラマ化していくことの困難さを際立たせる結果に終わっています。その一方で歴史もの復活への根強い期待もあり、二作目『春の波涛』が終わった時点で再び路線を戻すことが決まったのです。

その復活第一弾となったのが『独眼竜政宗』。

戦国時代末期の東北地方において大勢力を築いた大名・伊達政宗の生涯が描かれます。原作の『伊達政宗』は、時代劇路線の一応の最後となった『徳川家康』と同じく山岡荘八によるものでした。

プロデューサーは『獅子の時代』に演出陣の一人として参加していた中村克史です。

「『いのち』が始まった頃ですかね。『近現代大河はこれ以上はしんどいから戻す。ついては、プロデューサーをやってほしい』と言われまして。『いのち』は橋田壽賀子さんのシナリオタッチもあるけど、朝の連続テレビ小説と同じようになってくるわけですよ。それで、そろそろ違う切り口が必要だろうということで歴史のほうへ戻すということになったんです。その時に僕が持ち出したのが伊達政宗です」（中村・談）

中村は札幌中央放送局に赴任していたことがありました。東京にいた時は、「北海道が上、東京が真ん中、九州と沖縄が下」という日本地図が当然のことだと考えていたのですが、札幌に行ってみるとその位置関係が引っくり返った気がしたのだといいます。東京ではなく札幌が中心なのだ――と。

そんなある時、中村が友人の家に行ったところ逆さまの世界地図が壁に貼ってあるのを発見します。南極が上にあり、北極が下。日本列島が逆さまになっているのです。南半球の国では観光客用に逆の世界地図を作って売っているのだと。

それ以来、中村は地方の武将を描きたいと思うようになっていきました。東京中心ではない、地方を中心にした地図の世界をドラマにしてみたい――と。

そして中村は、関東より北の人物を大河はほとんど取り上げていないことに気づきます。時代劇路線では『樅ノ木は残った』のみです。

そうした中で、最終的に仙台を六二万石の大都市に発展させた伊達政宗は面白いと思うようになります。東北にいた伊達政宗が京へ上る、江戸へ行く。その時、政宗の頭には逆さまの日本地図があったに違いない――。そのようにして、視点を一八〇度ひっくり返し、地方から京や江戸を目指す武将と、それを取り巻く一族や家臣たちとの関係を描くドラマをやってみたい。そうした流れで企画が持ち上がっていきました。

主人公の政宗の生涯の描かれ方は、幼い頃に病で片目を失い、成人してからは人質になった父を射殺する命令を下し、母には毒殺されそうになり、弟を自らの手にかける……という壮絶なものになっています。

「企画を立てる段階で、演出と僕とで何度も何度も見た映画が『ゴッドファーザー』なんですよ。『ゴッドファーザー』こそ、まさに大河ドラマじゃないかと。あのマフィアの一家における親子・兄弟の相克と、後継ぎを育ててその後継ぎが組織を拡大していくという。それを大河でやりたかったんですよ」（中村・談）

それまでは、中村錦之助（萬屋錦之介）が東映時代劇で演じた政宗が一般的なイメージとしてありました。それは、戦場にて矢で右目を射抜かれる、勇ましいヒーロー像です。

が、史実はそうではありません。政宗は五歳の時に疱瘡の大病でようやく命を長らえたものの、右目がただれて失明してしまいます。そうした中で、コンプレックスを抱えつつ育っていきます。

疱瘡で失明して生きるか死ぬかという時、母親は実家に帰っていました。そのことが、やがて母子の相克に転じてしまう。しかも、政宗の父親は敵方の人質になってしまい、父が「わしも一緒に討て！」と怒鳴ると、政宗は「討て！」と家臣たちに命令し、父親もろとも射殺してしまうのです。

母親は政宗の弟を立てようとして、家臣も二派に分かれて政宗の暗殺を企てる。そして政宗が自らの手で弟を斬る。こうした政宗の闇を抱えた人生と、血族同士の壮絶な闘争はまさに『ゴッドファーザー』。中村はそう考えていました。

「それが翻って、その後の成長の過程で政宗自身は家族とか息子たちを大事にしていくわけです。最初に生まれた男の子は、猫御前という妾腹《しょうふく》の子供なんですが、後にきっちり徳川にかけ合って宇和島の大名にしている。あれはきっと、母親との相克、父親を敵と一緒に討ってしまった、実の弟を刃にかけた、そのことに対する思いが反映されているんじゃないかと思うんです」（中村・談）

ジェームス三木の脚本

中村はこの前年に朝の連続テレビ小説『澪つくし』のプロデューサーを担当。脚本は、『澪つくし』と同じくジェームス三木が書くことになりました。

「『澪つくし』は伝統の異なる醬油屋の世界と漁師のそれとの相克の物語でした。愛し合う男女がようやくそれを乗り越えたのに、男のほうが漁の途中で死んでしまう。ところが別の男と再婚したら実は男は生きていて戻ってくる……こういう話を作られるジェームスさんならば、新しい大河ドラマに挑戦するのにふさわしい作家さんじゃないかと思ったんです。

ジェームスさん自身も時代劇はあんまり書いてなくて、だからむしろ現代に置き換えた、現代のホームドラマのような歴史劇ができるんじゃないかと。ただ、ホームドラマとはいっても、食事をしているのが中心になるようなホームじゃなくて、『ゴッドファーザー』的な『一族』という意味でのホームが僕らのイメージでした。

ジェームスさんはドラマって言葉を『トラブルを克服していく物語』と規定したんです。トラブルを作ることで、初めて人間が本性を出してくる。だから、『ドラマというのはトラ

ブルを乗り越える人間の力ですよ』と。そこの部分も遺憾なく発揮してもらえたと思っています」（中村・談）

セカンド・ディレクターとして参加した吉村芳之は、これが初めての大河でしたが、精力的な動きで積極的に物語の骨格作りに入り込んでいきます。

山岡荘八の原作は青年時代の描写が中心で、それだけでは一年の大河には分量が足りません。そこで吉村は、政宗の重臣である伊達成実が記した『成実記』に当たることにしました。

吉村は大学院で古文書を研究している研究者にマンツーマンで読み解き方を教えてもらいながら、毎日二、三ページずつ現代語に訳していきました。さらに『伊達治家《じけ》記録』という伊達家の公式記録の日記も全て読み、現代語に訳しています。そして、それをまとめて原稿用紙で四〇〇枚ほどの資料を作り上げたのです。

「そういう資料を読みながら、『今回はこういう面白い話がありますよ』とジェームスさんに提供していったんです。だから僕は冗談でいつも『脚本料が欲しいぐらいだ』と言っていましたね」（吉村・談）

本作の政宗は権謀術数を用いながら、時には容赦なく人を騙し、多くの人間を虐殺し、利用した人間を切り捨て――と、ダーティに戦国の世を渡り歩いていきます。

「東北から天下を狙おうと考えたら、当然それぐらいのことは十二分にやっただろうと思うんです。それから、最初に企画した段階で『ゴッドファーザー』を勉強していましたから、そのくらいは当然という意識もありました。アメリカへ移民したイタリアの一族が、どうやってアメリカの社会で生きていくか。それにはギャングの道しかなかった。それと、東北の一大名があの戦乱の時代を生き抜いていくというのは、似たようなことだと思うんです。

ですから、それまでの大河がやってきた英雄の一生モノみたいな、『最初からそうなるべくしてなる人だった』という、綺麗事の歴史劇とは違うものを作ろうとしました。

それから、いっぺん近現代大河を挟んでいるわけですから、それを踏まえての歴史劇だという意識も必要だと思うんです。つまり、組織と人間、善と悪、そういうものをタブーなくやっていく必要があるんじゃないかということに思い至った。そういう歴史劇を作っていく上では、ジェームス三木さんが歴史劇に慣れている脚本家じゃないのがむしろプラスしたと思います」（中村・談）

複眼の独眼竜

本作はドラマの内容の他に、外枠の部分にも様々な工夫が凝らされています。

毎回の冒頭で、その週に描かれるエピソードの背景になるマメ知識を説明するコーナーが大河史上初めて設置されたのです。さらに、オープニングタイトルではレーザー光線をバックにした政宗が登場。重厚なだけではない大河のあり様を作り出しています。

「その前年の『いのち』では現代の女医さんの話まで来たわけです。そうなると、そこで付いてくれた女性層も日曜八時にきっちり引き継がなきゃいけないという意識がありました。ですから、近現代大河をやる前の大河ドラマとは違う作りにしようと思っていました。

それまでは日曜八時はお父さん中心でいいんだ——っていうところがあったけど、そうじゃなくて。女性にも、若い人たちにも見てもらうために工夫しました。『いのち』から引き継いで、その上でまた大河の王道へ戻す。そのためにも、『女性に見てもらう』という視点は必ず外さないでほしいという意識が当時のドラマ部全体にありましたね。

そこで、見ている人が今の自分たちに置き換えやすい入口をいくつか作ったんです。『独眼竜だから、複眼流で作る』と。『複眼流の大河ドラマ』と言っていました」（中村・談）

タイトル前の豆知識コーナーの原点になったのは、『太閤記』でした。冒頭で新幹線を走らせた、あの吉田直哉の演出です。それと同様に、冒頭でその回に描かれる時代のことを現代になぞらえて説明するコーナーを作ったのです。

たとえば、政宗が初めて秀吉に謁見する回では、当時は十代の強打者として人気だった西武ライオンズの清原和博の映像を挿入し、「秀吉と家康と政宗の年齢差を置き換えると、そのまま長嶋と王と清原の年齢差とほぼ同じ」という解説を入れ、当時の政宗の置かれた状況を現代の視聴者にも分かりやすく説明しています。

また、政宗が秀吉に謀反を疑われる回では、政宗が一揆勢に遣わした手紙の最後に記された花押《かおう》が問題になりますが、その回の冒頭では「花押は現在も閣議で使われている」と説明して、当時の中曽根総理の花押を映したりもしています。また、政宗の幼少期・梵天丸を演じた藤間遼太がコンピュータグラフィックで描いた米沢城の見取り図を案内したこともありました。

こうしたタイトル前のコーナーは、現在の大河の最後にある紀行ＶＴＲの走りではありましたが、本作ではそれ以上に「社会科の勉強」というニュアンスも強かったようです。

「他にも、いろいろ複眼流で手を打っています。サブタイトルも『左遷』だとか『宮仕え』だとか付けてね。『左遷』というのは、普通の大河ドラマだったら『お国替え』です。それを秀吉が政宗を左遷したっていうふうに現代的にしました。それから、『宮仕え』も当時の武士をサラリーマンに置き換えた感覚です。『すまじきものは宮仕え、宮仕えはつらい』って。そうやって、サブタイトルもなるべく現代的にしようという方針でいきました」（中村・談）

渡辺謙の起用

主人公の政宗役には渡辺謙が起用されます。渡辺は当時まだ二十代の若手で、連続テレビ小説『はね駒』でヒロインの恋人役を演じて頭角を現しつつあったものの、歴史劇の大河復活第一弾を飾る主人公としてはまだネームバリューは弱かった。

そこをあえて提案したのは、齊藤暁です。『草燃える』のプロデューサーなどを歴任してきた齊藤はこの時、ドラマ部長の要職にいました。

「渡辺謙は、渋谷の西武劇場に唐十郎さんの芝居を見に行った時に主役をやっていたんです。『下谷万年町物語』という。大柄で、とにかくスケールがあってね、まだ映像作品にはほとんど出てないですから、『これはすごい役者が出てきたな』と思った。その彼が『山河燃ゆ』にチラッと出たんです。そこで『新鮮な渡辺謙という役者がいるから、ちょっと彼が出てるビデオを見てごらん』と『独眼竜』のスタッフに見せたところ『これでいきましょう』ということになったんですよ」（齊藤・談）

プロデューサーの中村としても、政宗役にはできるだけ新人に近い俳優を使いたいという意識がありました。

「大河ドラマというのは、一年間のドラマを毎週見せていくわけですから、その一年間で役柄が年を経てどう成長していくかを見せるドラマもあります。つまり、その主人公及び周りの成長物語なんだけど、それは同時にそれを演じる主役の俳優さんの成長物語でもあるわけです。それなら、新人に近い人を使ったほうが面白いと思えました。

その頃、僕が言っていたのは、朝の連続テレビ小説は毎日の日記みたいなもので、日記をつけるように作っていく。一方、大河ドラマはその年の年鑑になるように作る。たとえば、大学に入った年に大河ドラマでは何をやっていたかとか、結婚した時にはあれをやっていたとか、そういう、『その年に何があったのか』を思い出す時の基準になる作品を作ろうという意識です。ですから、その一年間で『そう言えば渡辺謙が政宗やっていて、最後は立派な俳優になったね』っていうように思ってもらえたらいいなと思いました。それは映画とは違う、もちろん舞台の芝居とも違う、テレビならではの特性だと思うんです。

選んだ最大のポイントは目です。政宗はずっと左目だけで演技するわけですから、俗に言う目力というか、目でいろんなことを表現できることが必要になる。そういう意味で彼は若いのに目に力があった。それから政宗は大変な教養人なんですよ。書もきれいですし、能も一流の能楽師を京都から呼んだり、また、和歌も漢詩も素晴らしい。美食家で料理の研究家でもあるんだから、なんとなくそういう人間的な余裕というものが見える若い俳優さんがいいと思っていました。謙君は、まさにそれにピッタリだったんです」（中村・談）

野心に燃えて戦いに明け暮れる若い日々から、秀吉や家康の下で忍従する中年時代、そして達観した老将として幕府を支える「副将軍」時代の晩年まで、政宗の一生をまだ二十代の渡辺謙は見事に演じ切っています。

「こういう半生記物になりますと、役者さんというのは生理的に年齢を重ねた感じになっていくもんなんですよ。それはもう僕らが演出で何とかやるっていうんじゃなくて、役者さんが時間をかける中で生理的にそうなっていく。メイクだとか衣装だとか、それから共演者とのやりとりをとおして役者自身のたたずまいが変わっていく。半生記物をやる楽しさって、そういう姿を見られることだと思います」（吉村・談）

逆転のキャスティング

政宗には二人の信頼する腹心がいました。一人は冷静沈着な参謀の片倉小十郎、もう一人は軍事を司る猛将・伊達成実。小十郎は西郷輝彦が、成実は三浦友和が演じています。これは当時のイメージからすると、逆のキャスティングでした。

通常であれば、優等生のイメージの強い三浦に小十郎を、時代劇などで躍動感ある役柄を演じてきた西郷に成実をキャスティングするところですが、本作ではそれをあえて逆に配し、それが結果として絶妙なキャスティングとなっています。

「その逆で発想するのが普通だと当時も言われたんです。でも、暴れん坊の成実のほうを友和君でやってもらったほうが新しい魅力が出るんじゃないかなと。『アウトレイジ』の友和君を見ると、改めてあのキャスティングでよかったと思いますね。謙君も含めて三人はこれで俳優としての領域をすごく広げたんじゃないかと思います。

長い一年間のドラマっていうと、どういう形でマラソンを走り切るかというような発想なんですよ。一〇〇メートル競走と違うから、異物混入とか逆のキャスティングとか、そういうのが効果的になるんです。そうすると俳優さんと話す機会も増えますからね。『なんで僕がこの役だったんですか』というようなところから話が始まり、『実はロバート・デ・ニーロみたいなイメージになってほしい』とか言ったりしながら。皆が思っているイメージとは違う役をやることで、役者もすごく考えることになって、結果として演技の幅を広げることになるんです。

役への向かい方が、俳優さん自身も違ってくるのではないかと思います。『これは自分が過去にやった、このような形でやればいいんだな』という手は使えません。本人がいろいろ調べたり、地元へ行って『自分の役柄が治めたという土地のあたりを見て来ました』とか、そういう事前勉強をしてくれることもあります。それでまた、思いもよらなかった演技が出てくることがあるんですよ」（中村・談）

政宗に英才教育を施し、やがて跡を託して死んでいく父・輝宗役には北大路欣也、猛々しい母・お義には岩下志麻。政宗の両親役はいずれも大河の主役経験者が演じ、前半を盛り上げました。

「主役は二十代の若手の俳優で、周りを経験豊富な面々で固めようということです。旧来のキャスティングだったら北大路さんが政宗をやっていたと思います。年齢的にはまったくそのままでいいわけです。北大路さんだったら、年老いた政宗を演じる後半も楽でしょう。でも、北大路さんは本当にいい人ですから自分の役割をよく分かってくれて、謙君を支えてくれましたし、岩下さんとの芝居を楽しんでやってくれました」（中村・談）

自ら息子に討たれていく輝宗の他、いかりや長介扮する伊達家の武将・鬼庭左月は負け戦の退路を作るために単騎で敵陣に斬り込んで討ち死、神山繁扮する伊達家家老・遠藤基信は輝宗の後を追って殉死……と、劇的な死が数多く描かれた作品でした。

「役者にとっては、大河の中で自分の役がどう終わるかが非常に大事なんですね。プロデューサーとしては、その役者がいつの間にかいなくなっていたというのが一番失礼なんですよ。たまにあるんです、『彼はどうなったんだ』と思われるような消え方をすることが。だから、きちっと始末をつけてピリオドを打ってあげるというのがやっぱり、一年間のドラマの基本だと思います」（中村・談）

本作の前半で強烈な印象を与えたのが、伊達のライバルである山形の大名・最上義光を演じた原田芳雄です。権謀術数を伊達に対して駆使してくる悪役的なポジションを毒々しく演じ切りました。

「あの役は、最初から原田さんしか考えられない役でした。伊達にとっての強敵なわけですから、場合によっては秀吉ぐらいになったかもしれないという人物でなければいけないんで、原田さんぐらい強烈なインパクトのある俳優さんじゃないとダメだろうと思いました」（中村・談）

いかりや長介も、後には名優としての立場を確立することになりますが、本作に出演した際はまだザ・ドリフターズのコメディアンとしての印象が強かった頃です。

「いかりやさんも、異物混入のキャスティングですね。稽古場では、僕らから見ても最初はすごく緊張されている感じはありました。家臣の中でもきちっとした家臣じゃなくて、破天荒な武将でしたから、長さんの役にピッタリだったんだろうと思うんですが。

そういう異物混入みたいなのをやりたいんですよね。『澪つくし』のときは醬油醸造元の職人役で明石家さんまさんに出てもらいましたから。テレビというのはそういうようなことも考えていかなければいけないと思います。

大河ドラマは自薦他薦、いろいろなところから俳優さんの推薦はあります。でも、それを積み木細工のように寄せ集めて積んでいくだけではとてもできません。スタッフの間ではキャスティングは事前に会議をやって、侃々諤々《かんかんがくがく》やります。『独眼竜』の時は『『ゴッドファーザー』で言えばあの役だよな』というようなことを基本に考えてやっていました」（中村・談）

勝新太郎の登場

伊達政宗は苦労の末に奥州一の大大名になりますが、その時はすでに秀吉が天下を統一する寸前でした。そして、政宗は秀吉に臣従せざるをえなくなり、今度はその政権下で生き残りに必死になります。

そんな若き政宗の前に立ちはだかる天下人を圧倒的な迫力で演じたのが、これが大河ドラマ初出演となる勝新太郎でした。映画スターとしては超一流である一方で、トラブルメーカーとしても知られる勝の登板はＮＨＫとしても大きな冒険です。

中村が勝をキャスティングしたのは、「時の権力者」としての秀吉をイメージしてのことだったといいます。農民から出世していった秀吉ではなく、権力の象徴としての秀吉。東北から逆さまの日本地図を這い上がっていく若き政宗、そしてそれを演じる若手の俳優・渡辺謙に対し、その前に立ちはだかる人間をどう配置していくか。それを考えると、勝の他に選択肢は浮かびませんでした。

「勝さんをキャスティングしただけで『大変だぞ』『いろんなことが起こるぞ』というようなことはよく言われましたね。たしかに、秀吉登場回の前に暴力団の会合へ過去に出ていたという記事が出て、そういうことでは苦労させられました。

ちょうどその前の年の『紅白歌合戦』で、北島三郎さんと何人かの演歌歌手が暴力団の新年会へ出たってことが暴露されて、紅白を降りたことがありましたからね。ただ、当時のＮＨＫの役員が、『勝さん本人はどういう会合だったかってことはまったく知らなかったし、誰が来るかも知らなかったということだから』……まあ、苦し紛れでしょうけどね、ただそういうことで出演継続となったんです。もう本当にたくさん撮っちゃってたから、途中から代えるってわけにはいきませんでした」（中村・談）

ただ、現場に限って言えば心配されたようなトラブルは一切起きませんでした。スタッフたちは勝のために最高の衣装や小道具を用意し、勝もそれに応えて、時折アドリブを交えながら喜々として秀吉を演じています。最後の撮影の際、勝は一人スタジオに残り、頭を深々と下げてから去っていったというほどです（※この場面の撮影の様子や、吉村らＮＨＫ側の勝に対する配慮の詳細は拙著『天才　勝新太郎』〈文春新書〉を参照されたし）。

「これは『獅子の時代』を演出した時に学んだことなんですが、菅原文太さんとか映画スターの方ってＮＨＫの大河ドラマやテレビドラマに出ると、昔からのホームグラウンドのように一生懸命やってくださるんです。日本映画がピークをちょっと下ってきたところで、ベテランの女優さんたちなら明治座とかの舞台で座長としてやっていくことはできましたが、男優のベテランの大俳優さんたちは、あまり活躍の場がなくなってきたんですね。それでＮＨＫだったらギャラは安いですが、『俺はギャラが多い少ないで仕事はしない』ということで一生懸命やってくださる。

勝さんもそうでした。まだまだ秀吉の撮影が始まる何か月も前からＮＨＫへ来てはメイクさんと会ったり、カツラさんと会ったり、衣装さんと会ったり。これは鶴田浩二さんもそうでしたね。勝さんから見れば、映画の撮影所には『かっちゃん、かっちゃん』と言って面倒を見てくれる、長い間一緒にやってきたスタッフがいましたが、ＮＨＫには一人も

いないわけですから、早くから馴染んでいこうという意識があったと思います」(中村・談)

プロデューサーも演出陣も、勝とは事前に入念な打ち合わせを重ねました。特に勝が言っていたのは、「小田原で秀吉が政宗と初めて会う場面まで、稽古場でも俺は渡辺謙って役者とは会話はしない」ということでした。渡辺謙自身が本番で緊張して勝の前へ出てくることで、役柄としても政宗が秀吉に初めて向かい合う時の緊張感が画面上でも大きくなる。それが勝の考えでした。そのためには、両者がその前にNHK内で鉢合わせしないよう配慮する必要があります。そうした、芝居上の打ち合わせを積み重ねつつ、迫力のある映像が生まれていきました。

中村たちの狙いは見事に功を奏し、本作はスタートと同時に爆発的な人気となっていきます。少年時代の政宗が言った「梵天丸もかくありたい」はこの年の流行語に。年間の平均視聴率も、今に至るまでの最高を記録しています。

時代劇大河ドラマは、ここに華々しい復活を遂げたのです。

＊平均視聴率三九・七パーセント、最高視聴率四七・八パーセント

『武田信玄』（一九八八年）

信玄のイメージをくつがえす

歴史劇としての大河ドラマ復活の第一弾となった『独眼竜政宗』は大河ドラマ史上最高の平均視聴率を記録。この路線の再開を世間に高らかに宣言してのけます。

それを受けての第二作目は、新田次郎の同名小説を原作にした『武田信玄』でした。戦国最強の騎馬隊を組織したことで知られる甲斐の大名の生涯を描いた作品です。

プロデューサーは村上慧、チーフ・ディレクターは重光亨彦。二年前に「新大型時代劇」で『武蔵坊弁慶』を作ったコンビです。

「前の年に『独眼竜』もあって、次の年には橋田壽賀子さんの登板がもう決まっていました。ですから、ずいぶんプレッシャーがありましたね。引き受けるのは大勇気でした」（村上・談）

脚本には、これが大河初登板となる田向正健。武田信玄には中井貴一が扮することになりました。従来、武田信玄といえば徳川家康と並んで「狸親父」的なキャラクターとイメージで捉えられてきただけに、面長な顔で当時は爽やかな好青年のイメージだった中井の起用は意外性があるキャスティングでした。

配役が全て未定だった企画開始当初、村上は田向と二人で物語の舞台となる甲府の街を歩いています。そして、甲府駅前にあるズングリとして丸顔の信玄像を眺めつつ「こういう信玄じゃないよな」と語り合ったのだといいます。

この時、村上がイメージしていたのは、大河第一作『花の生涯』に主演した佐田啓二でした。つまり、従来のイメージとは逆の、知的で都会的な二枚目です。こういうクールな雰囲気の役者を、戦国の策略家の役に使ってみたい。それは、かねてからの村上の想いでした。そして、中井貴一はその佐田の息子。中井貴一は、佐田の面影を強く残しており、それが起用の大きなポイントとなったのです。

「佐田啓二さんとは昔、『虹の設計』というドラマで付き合ったことがあります。ご自宅まで出演を頼みに行ったら、そこで赤ん坊が泣いていましたよ。それが中井貴一でした。彼にお父さんのイメージを重ねたのもあります。それから、どこかで佐田さんに恩返しをしたいと思っていたというのもあります。それで、中井貴一に決めたんですよ。僕は信玄に合うと思いました。

でも、一般的に信玄といえば、甲府の駅前の銅像のイメージですからね。当時としてみりゃ、ずいぶん大胆なことやりました。山梨県選出のとある政治家にも怒られましたよ。『なんであんなやつでやったんだ』って」（村上・談）

映画大手五社の役者を揃える

村上によれば、キャスティングはかなり苦労したといいます。

というのも、前作『独眼竜』が豪華キャストを揃えており、翌年には橋田壽賀子脚本『春日局』の企画が決まっていて既に配役が始まっていました。そのため、双方に出ていない面々から押さえていくしかなかったのです。それでも、かなり豪華な俳優陣を集めることができました。

村上がまず考えたのは、東宝・松竹・大映・日活・東映という、かつての映画大手五社に専属していた俳優たちを会社ごとに全て揃えようということでした。そして、それを実現させます。

東映＝菅原文太、大映＝若尾文子、宇津井健、本郷功次郎、篠田三郎、日活＝宍戸錠、杉良太郎、東宝＝児玉清、そして松竹は中村勘九郎（一八代目勘三郎）、坂東八十助（一〇代

目三津五郎）という歌舞伎勢。他にもライバルの上杉謙信役に柴田恭兵、織田信長役には当時はロック歌手だった石橋凌。多彩な面々が出演することになりました。

ただ、菅原文太、平幹二朗、西田敏行と、これまでの大河の主演・準主演経験者が揃った上に、時代劇スターの杉良太郎まで加わっているため、毎回のキャストクレジットの序列には頭を悩ませることになります。トップはもちろん中井貴一なのですが、問題は最後に名前が出てくる「トメ」でした。この「トメ」は「その回の出演者で最も大物の俳優」であることを示すポジション。『山河燃ゆ』で三船敏郎と鶴田浩二がもめたように、役者としての看板に関わるだけになかなか譲れないものがありました。

「田向さんに『杉と西田は一緒の回に出さないでくれ』と頼みました。そこは彼がちゃんと進めてくれましたね。ただ、最後に総集編があるというのに、後で気づいたんです。これが大変でした。事務所ごとに来てもらって、『これでいいですか』って頼んでね。一本線入れたり、間に空白を入れたりしました。

それで思ったのは、一人ひとりの名前を出していくんじゃなくて、クレジットをロールにして画面の右から左に一気に流していこうということでした。速いスピードで一気に流したら分からないだろうということです」（村上・談）

田向の脚本は、笑いの要素やほのぼのとした描写は一切なく、野望、憎しみ、愛欲、嫉妬、そして狂気……と、人間の闇の部分を徹底して描き出していきます。

「田向さんはセリフがうまい作家だと思います。きれいなペン字で、セリフを書き出したら何分のセリフ劇でも書けてしまう。特に、ゾッとするような狂気の描き方は見事でしたね」（重光・談）

その一方で初めての試みも行われました。それは、これまでNHKのアナウンサーが担ってきた状況説明のナレーションを、今回は若尾文子が担当することになったのです。しかも、「若尾文子」としてではなく、自身が演じる信玄の母親役になり切ったまま読む——という。しかもこのナレーションは、劇中で母が死んだ後も続き、「死後の世界から息子たちを見つめる」という視点になっていました。

毎回の最後は若尾の「今宵はここまでに致しとうござりまする」というナレーションで締めくくられます。七〇年代半ば以降の大河がより現代的なセリフ回しに近づけようとしていたのに対し、このナレーションにも代表されるように「〜にござりまする」といった極端に時代がかったセリフの語尾も本作の大きな特徴になっていました。

「一話目から若尾さんにナレーションをやってもらおう、母親の視点から信玄の一生を見つめようというのは田向さんが言い出したことです。それから、独特なのは節回しですね。今見ると、ちょっと気になったりするところもありますけど、田向さんは日本の美学みたいな意識が強く、日本語を守りたいという思いで書かれていました」（重光・談）

騎馬の合戦シーン

武田信玄といえば、その代名詞でもある「戦国最強」と謳われた騎馬軍団による合戦は欠かせません。これまでの大河は予算の関係から、馬や雑兵の少なさをいかにカバーしてスケール感を出すか――ということに知恵を絞ってきました。

が、本作では上田原や川中島など、主だった合戦シーンがこれまでの大河にはない大スケールで撮られています。また、信玄の居城・躑躅《つつじ》ヶ崎館《さきやかた》の外観も、大がかりなオープンセットが建てられました。これも、従来の大河ドラマには見られなかったものでした。

「小淵沢には牧場に馬がたくさんいるので町に働きかけたところ、協力してくれました。

エキストラも現地の人たちがタオル一枚の謝礼で参加してくれて。画期的なことができたと思います。

ロケ協力をしてもらった現場にオープンセットを作るというのは『武田信玄』からなんです。僕はデザイナーの田嶋宣助さんと長い間一緒にやっているんですが、彼の提案でした。それで小淵沢にオープンセットを作ったら、観光バスが山のように来たんです」（重光・談）

集められた馬は七〇頭。『徳川家康』が二〇頭で関ヶ原を撮ったことを考えると、三倍以上の規模になります。そのスケールアップに合わせて、重光は撮影の仕方にも工夫を施していました。

「たとえば先頭に菅原文太さんがいて騎馬隊を率いるというシーンを撮る時、エキストラ全員を呼んで撮影すると、全ての馬の準備ができるまで文太さんたちは長い時間を待たなければならない。あるいは、文太さんたちが騎馬のまま芝居をする場面を撮るとなると、今度はたくさんの馬やエキストラが待つことになる。それは、大きなロスになります。

それで考えたのは、大群衆というか馬の頭数が多いカットはまずそれだけで撮っておいて、その時は役者さんを呼ばない。芝居場のある、役者さんが必要なカットでは馬を一五頭くらいだけ用意しておいて、役者さんの芝居中心で撮る。そうやって分けて撮ることにしたんです。

それで、馬が一五頭しかいないのを隠したりとか、逆に役者がいないのを隠したりとか、そのために大量にスモークを焚くことにしました。しかも、そのスモークを逆光で撮れば映像としてもものすごく効果が出ます」（重光・談）

スケールの大きさは、ロケだけではありません。セットもまたそうでした。これまでの大河の屋内シーンはどこか手狭で窮屈な感じがありましたが、本作では部屋の間を移動できる規模で館のセットが作られ、屋内であっても動きのある映像を撮ることができました。

「田向さんの脚本は、全て同じ信玄の館のセットだけで展開するというような回もありました。そこで、いかにスタジオに広いセットを組むかということも考えたんです。廊下も今までは一部だけしか作りませんでしたが、今回は端から端までスタジオ目一杯に作っています。大広間も黒光りする床でしたし。デザイナーの腕のよさが生きたんじゃないかと思います。出演者の人がワッと驚くような感じを狙いました。なかなかのスケールになっ

たと思います」（重光・談）

本作も引き続き四〇パーセント近い平均視聴率を記録。復活した歴史大河の快進撃は続きました。

＊平均視聴率三九・二パーセント、最高視聴率四九・二パーセント

『春日局』（一九八九年）

昭和二〇年の関ヶ原

時代劇路線を復活させてからの大河ドラマは、戦国時代を舞台にした荒々しい世界の物語を二作続けています。そしていずれも快調な結果を出してきました。

それが、八九年は一転します。江戸幕府の三代将軍・徳川家光の乳母として江戸城の奥方を取り仕切った女性・春日局（おふく）が主人公に据えられたのです。それが『春日局』。『おんな太閤記』『いのち』に続く澁谷康生プロデューサー、橋田壽賀子脚本によるオリジナル作品です。

これまでの二作は澁谷発信の企画に橋田が乗る形で進められましたが、今回は初めて橋

田が企画の発端となりました。

「こちらとしては、橋田さんが書いてくれるのなら取り上げる人物は誰でもいいわけです。それで、橋田さんが『この女の人、面白そうね』ということで始まりました。コンセプトとしては、関ヶ原の合戦のあった一六〇〇年を日本が敗戦した昭和二〇年と重ね合わせることでした。

春日局は関ヶ原の年に二〇歳でした。それで、昭和二〇年の敗戦の日に、二〇歳の女の子だったら何をしただろうかということを考えて物語を作っていきました。

ただ、『いのち』が終わった時に僕はNHKを辞めようと思っていたんです。五〇歳で辞めないと、フリーになっても売れないと思ったんです。それが、橋田さんがぜひやってほしいということであと一回だけやることになった。それでNHKを辞めるのが遅くなりました。橋田さんからすると、私がいれば楽だというのはあったと思います。史料調べから全部やるわけですからね」(澁谷・談)

今回の澁谷の土台作りは苦心したといいます。春日局は歴史上あまり表だったことはしていないため、史料はほとんどなかったのです。しかも原作もないため、拠り所となる物語もない。

そこで澁谷は、春日局の生涯の年表と彼女が絡んでいそうな史実とを重ね合わせながら「その時、彼女は何を考えていたのか」を考え、そこからキャラクターを固めていったといいます。

たとえば、本能寺の変の時に春日局は二歳か三歳。彼女の父親は明智光秀の重臣・斎藤利三で、幼くして父親のさらし首を見てしまう――ということを考えます。そして、そのために戦争のない世の中を希求するようになる。ここでも、澁谷ならではの一貫した反戦思想が反映されています。この本能寺のトラウマを、橋田も物語の原点にしました。


「橋田さんはホームドラマの作家ですから、家族関係を重視します。ですから家系図がないと書けません。でも、春日局の家系図って本によってまったく違うんです。

それで、時代考証の先生と一緒に彼女の生まれ故郷の美濃へ行って、お寺を回って過去帳を見せてもらっていろいろ調べていきました。それでも分からないことが多い。調べれば調べるほど、定説と異なることが出てきたり、年齢から何から史料ごとにまったく違うことが浮かび上がってきちゃうんです。それでどうしようかと思ったところで、『もう作っちゃえ』ということで、こちらで強引に彼女の家系図を作ったんです。一枚のＡ４の紙にまとめてね。

受け取った橋田さんは『ああ、簡単な家系図ね』って言うけど、それを調べるまでどれぐらいかかったか――。でも、作家にそういうことをさせたくないんですよ」（澁谷・談）

若手たちの大抜擢

春日局役には大原麗子がキャスティングされました。

「大原さんというのはやっぱり可愛いでしょう。認知度も高い。だから、大原さんを持ってきたんです。それで、わがままのじゃじゃ馬のイメージのまま使ってやろうと思いました」（澁谷・談）

一方で徳川家光には江口洋介、春日局の息子に唐沢寿明、序盤のキーマン・小早川秀秋に香川照之と、若手が主要キャストに次々と抜擢されました。

「私の場合、キャスティングは大胆にやっています。既成の役者を今までどおりの役柄で使いたくない。既成の役者を使うなら、違うパターンで使ってみたい。

それから、新人をたくさん抜擢していますよ。『草燃える』で滝田君、『徳川家康』で役所君。そして今回は香川照之とか、唐沢寿明とか、江口洋介とか。それはね、彼らは新人だから一生懸命なんです。そして、新人だからギャラが安くても文句を言わない。スケジュールも空いているから調整もしやすい。いいことずくめです。でも、賭けでもあるので、外れたらプロデューサーはクビになります」（澁谷・談）

江口洋介はその前年にＮＨＫドラマ『翼をください』に出演していました。同じ駅に一流高校と三流高校があり、文化祭になると女子高生はみな一流高校の方へ行ってしまう。江口はその三流高校の学生を演じたのですが、そのモデル的な役割で取材を受けていたのが同じく「三流高校」の出身だったという澁谷でした。そして、三流の悔しさを江口が見事に出していたと思った澁谷は、同じく母の愛情に恵まれずに悔しい中で育った家光役に抜擢したのです。

「セリフも下手だし、大変でしたよ。時代劇のことは何も分からないし。ですから、ちゃんと人に頼んで礼儀作法から全て学んでもらいました。でも、セリフは下手でしたが、すごく情感のある芝居をするんですよ。

唐沢寿明は朝の連続テレビ小説『純ちゃんの応援歌』で実績がありました。明確にセリフを言える子で、何よりカッコいい」（澁谷・談）

香川照之は橋田と長年組んできたＴＢＳの石井ふく子プロデューサーの推薦です。香川の母親の浜木綿子は石井とよく仕事をしている関係だったことから息子のことを頼んでおり、その流れで橋田を通じて付き合いのあった澁谷に紹介してきたのです。

「なんで役者になったの？」

そう尋ねる澁谷に、香川はこう答えたという。

「はじめ裏方をやったら、つまらなかった。役者のほうが楽そうだから。うちの家業は役者ですよ。家業を継ぐことの何がおかしいんですか。八百屋の子は八百屋継ぐでしょう」

その言葉を面白く感じ、澁谷は起用することに決めたといいます。

一つ問題だったのは、家光があまり女性と接しようとはせず、なかなか子供ができなかったことをどう描くか……ということでした。そこで橋田が考えたのが、若村麻由美が演じた遊女・紫でした。このキャラクターは、橋田の創作した完全なフィクションです。

若き日の家光がお忍びで吉原に行ったところ、そこで遊女の紫と恋仲になる。しかし、彼女の父親は徳川に殺されていたため、家光の正体を知ると自殺してしまう。そのことを痛恨に思った家光は以来、女性を遠ざけるようになる。そしてある日、大奥を訪ねると、そこには紫と瓜二つのお楽の方（若村が二役を演じる）がいた。家光は彼女を見《み》初《そ》め、やがて子を生《な》していく――。そうしたラブストーリーを創作したのです。

「さすがに橋田さんはすごいですよ。見事なフィクションだったと思います。お楽の方と初めて会った時に『紫！』と言う江口君もよくてね。それまでの下手さをこの一言で吹き飛ばせたと思います。もう一つそれで拾い物したのは、家光の女嫌い説を打ち消すことができたことです」（澁谷・談）

地味なテーマに思えた本作でしたが、そこは橋田壽賀子。本作も三〇パーセント以上の平均視聴率をマークすることができました。こうして、歴史ものを復活させた大河ドラマは完全に軌道に乗っていきます。その勢いは、最盛期とすらいえるものでした。

＊平均視聴率三二・四パーセント、最高視聴率三九・二パーセント

『翔ぶが如く』（一九九〇年）

視聴率よりも大事なもの

戦国から江戸初期にかけての時代を題材にした大河が三作続いた後の一九九〇年、久しぶりに幕末を題材にした作品が登場します。

それが、司馬遼太郎の同名小説を原作にした『翔ぶが如く』でした。幕末から明治にかけての薩摩藩を舞台に、西郷隆盛と大久保利通の二人を中心とした物語が綴られていきます。

チーフ・ディレクターは、今回が初めての大河担当となる平山武之です。平山は「幕末と明治を舞台にした大河は当たらない」というジンクスに対して挑戦しようとします。

「幕末をやるというと、暗い、汚い、むさ苦しい、当たらない……もうみんな分かってるわけです。

でも前の年に『春日局』やっているんです。橋田壽賀子の女性ものだし、ある程度の数字は取れると、これはもうドラマ部長もプロデューサーも読めています。それならば、翌年は『ここで一回、むさ苦しかろうが何だろうが、幕末で一回男っぽいものでやってもいいんじゃないか』っていう雰囲気があったんですね。むさ苦しかろうが、汚かろうが、俺たちは視聴率よりもこれをやりたいんだ、と」（平山・談）

当時、大河ドラマの舞台になった地域は世間の注目を浴び、観光客が多く集まるようになっていました。その上、ロケのオープンセットが作られると、その場所はさらに話題になります。『武田信玄』の際にロケ撮影に協力した小淵沢が見学客でにぎわったのは、その好例でした。そのため、各地方がこぞって、地元を舞台に大河を制作してもらうようにＮＨＫに陳情にやってくるようになります。

そこで、これまで大河で取り上げてこなかった九州が舞台となったのです。九州で幕末となれば、それは西郷隆盛——となるわけです。

「いろんな地方の方々が東京のＮＨＫに、『うちの故郷のこの人間を大河でやってくれないか』と要望を寄せるわけです。この時期の流れとしては、たとえば東北をやったらその次は関東をやり、関西をやり、九州をやり、となっていきます。そうやって、三、四年の周期で不公平なく地方のバランスを取るということも考えていました」（平山・談）

司馬遼太郎の原作は大長編ですが、戊辰戦争から明治新政府樹立、西南戦争にかけての時期が主眼になっていました。それに対して本作は、西郷や大久保がまだ下級武士の郷士だった若い頃から、藩に登用されるようになるまでの青春時代も詳細に描かれています。

「原作は、明治成立以降、西南戦争で袂を分かった、明治政府とそれに反旗を翻す旧・武士階級の争いのほうに焦点が当てられていまして、それだけではドラマにしにくい。だから、第一部と第二部に分けて、第一部は西郷と大久保が実は鹿児島の下級武士で隣組で、苦労しながら二人で薩摩藩を天下の中心に引っ張っていったという話にしようじゃないかということになりました。薩摩には島津斉彬という名君がいて、彼が西郷を登用する。若くして死んでしまいますが、彼を副主人公にしようとしました。

西郷は、原作の中では明治以降に解釈できない謎の部分がいっぱいあるんですね。彼がなぜ死ぬのを分かっていながら鹿児島へ戻って西南戦争に突入していくのかとか。大久保は大久保で、本当に冷徹で冷たいという従来の解釈だけでは分からないところがある。ただ、彼らがお互いに鹿児島のあの地で一緒に育っていったということの中に、何か鍵があるんじゃないかと考えて、青年時代の第一部を作ろうと思ったわけです」（平山・談）

薩摩弁の多用

『国盗り物語』『花神』と同じく、本作も表題小説の他に『竜馬がゆく』『最後の将軍』といった司馬の書いた幕末が舞台の小説も原作として作中に盛り込んでいます。脚本は『徳川家康』の小山内美江子が担当しました。

「小山内美江子さんは非常に骨太な作家性を持ってらっしゃる。しかも、小山内さんのお母さんのご実家が鹿児島なんです。それで、最初に小山内さんと鹿児島にシナリオの調査に行った時も、『鹿児島のことを私は小さい頃からよく母に聞かされてました』と言って、薩摩の人に対して思い入れがすごく強かった。

前半のオリジナルの部分は地元の鹿児島大学の先生をはじめいろんな方が助言をくださいました。それで、西郷の知られざる一面や、それまであまり知られていなかった島津斉彬のことなどを調べることができました。いろんな人の手が支えてくれたんだと思います」

（平山・談）

本作が話題になったのは、他地域の人間には何を言っているのかが分からない薩摩弁を、セリフの中でそのまま使ったことです。「じゃっどん」「おまんさあ」「~もんそう」などの日常語はまだニュアンスで摑めますが、本当に理解できないフレーズも出てきます。その場合は字幕で解説が流れました。

「ドラマっていうのは、見ている方にストーリーが分かりやすく理解されなければいけません。ただ、理解されなきゃいけないけど、そのドラマの背景や場所の雰囲気も大事なんですよね。シンプルな分かりやすさと時に難解な背景の二つの間の、どのへんにその表現のポイントを置くかというのが、大河ドラマの場合は非常に重要になるんです。

もちろん、全編これ薩摩弁でやったら、ほとんどの人には分かりません。僕も鹿児島に行っていろんなお年寄りに会いましたが、何を言っているのかがまったく分からない時があるんです。だけど、あの時代の薩摩に視聴者を誘《いざな》うにはセリフの中には絶対に薩摩弁を入れなきゃいけないし、それでも、ある程度は日本全国の人が分かるようでなきゃいけない。そのバランスは最初から非常に難しかった。

そんな時、俳優の草野大悟さんが鹿児島出身の方でして、ナレーションをお願いしたんです。それで、草野さんと話している時に『単なる客観ナレーションじゃなくて、少し主観も入れた鹿児島弁っぽいナレーションにしませんか』と提案して、試してみたんですよね。それがすごく雰囲気がよかった。これをベースに、役者さんには方言指導についてもらったら意味も通じると思ったんです。それで、日常的な言葉をできるだけ活かしつつ、さすがにこれはちょっと分からないという言葉を取捨選択していきました」（平山・談）

前後編の変化

本作は明確に第一部・第二部と銘打った二部構成に分かれています。西郷と大久保が薩摩藩で登用され出世し、幕府を倒していくまでが第一部。第二部は明治政府内での政争がやがて西南戦争に繋がり、西郷が自決し大久保が暗殺されるまでが描かれています。

そして、第二部になってからナレーションは草野大悟から西郷の妻「いと」を演じた田中裕子に代わっています。

「第一部は青雲の志を持った二人の若者の青春ドラマなんですよ。だから。内容も分かりやすい。ところが、それが明治になると、もう人物関係も、西郷や大久保が本心で何を考えているのかも、分からなくなるんですよ。

それをどう整理するかを考えた時に、男のドラマだから逆に女性の視点を入れたらシンプルになるかなと思ったんです。それで、原作にはほんの少ししか出てこない西郷隆盛の奥さんになった『いと』さんを大きくクローズアップしていくことにしたんです。

　男たちは争い、みんな死んでいった。男たちの争いは無駄だったのか。男たちは女性たちの気持ちも知らずに勝手に戦って死んでいったように見えるけれども、その志なりは女たちの胸にも残っているんじゃないか。そのあたりを女性の視点を通して描くことで、最終回での田中裕子の赤ん坊を抱く芝居に結びつけよう、そこへ物語を収束させ、百数十年後の現代の我々にも脈々と繋がっている彼らの想いを描きたかったんです。

　入り乱れたものをどう整理して見やすくするかというのは大変でした。僕自身もやっている時は、頭がこんがらがってましたからね。でも、ドラマというのは難解で分からない部分があるからこそ、制作意欲をかき立ててくれるんです」（平山・談）

二人主人公

西郷は西田敏行、大久保は鹿賀丈史が演じています。

平山と西田は、平山が演出した『ふりむくな鶴吉』で出会い、同じく平山が演出に参加した金曜ドラマ『新・坊っちゃん』で西田が山嵐の役を演じた時からの仲で個人的に親しく、お互いに何でも言い合える間柄だというのがキャスティングの理由として大きかったといいます。

一方の大久保は、背が高く、細面で目が鋭い……冷徹な雰囲気を出せるイメージを買われて鹿賀になりました。

「二人主人公というのは、一人の主人公よりもドラマが重層的になり、物語に幅ができるので僕は面白いと思います」（平山・談）

西郷を大抜擢して重職に就ける薩摩藩主・島津斉彬は、これが大河初出演となる加山雄三が演じています。何歳になっても爽やかなイメージが、英明な斉彬に合うように思えたからでした。ただ、最初に依頼をしに行った際に平山が出来上がった部分の台本を見せたところ、「こんなにセリフ多いのかよ。おい」と難色を示されたといいます。

それでも、プロデューサーたちも必死に出演を懇願、ようやく加山も折れることになります。

撮影現場では、「この間スキーに行ってたんだけどさ～」「殿さまは正座が多くて膝が痛くてたまんねえよ～」と「若大将」のノリで軽口を飛ばしていたのが、本番になると一転、鋭い眼光で名君ぶりを見事に演じてのけています。

「もともとのオーラというのがありますよ。そんなに細かい芝居をする方ではありません。むしろぶっきら棒な方なんです。だけど、ぶっきら棒だからこそ、細かい芝居をせず表情一つ変えないで、目力だけで演ずることができる。それがカリスマ性に繋がっていったんだと思います。僕は加山さんに、あの役をあそこまで自分のものにしていただけるとは思っていなかったです」（平山・談）

早逝した兄・斉彬の死後に藩政を取り仕切り、大久保を登用する一方で西郷に対しては厳しく当たる島津久光は、高橋英樹が演じました。兄の存命中の軽さ、西郷に対する憎々しさは、時代劇スターとしての高橋英樹のイメージをくつがえす演技でした。

「あのへんの殿様の役をやる方は、貫禄というか、やっぱりそれなりの重さを持った方じゃないとダメだと思います。加山さんとぶつかって、ちゃんと対抗できる人でなくては成り立ちません。それで英樹さんにお願いしました。

いい役かそうじゃない役かということは別にして、斉彬と久光という人物は歴史上でも重要な人物ですから、やっぱりそれなりの方がちゃんと重さをもってやらないといけませ

ん。『殿様に見えないよ』と視聴者に言われたらお終いですから」（平山・談）

薩摩から徳川一三代将軍に嫁ぐ篤姫役は、富司純子が演じています。当時まだ十代だった姫に四十代半ばの富司というのは、思い切ったキャスティングでした。

「富司純子さんの年齢ではちょっときついんじゃないかということはありました。それでも、若い人を使ってそれでいいのかといったら、格式などを考えるとそれなりの人じゃないと、重みに耐えられないんです。若い人にはそれは難しい。

それから、タレント的な匂いのない人じゃないといけません。タレントと役者というのは違うんだという意識が僕の中にはありました。コマーシャルに多く出てる人を使うと、そのコマーシャルのイメージがどうしても出てしまう。役者さんがあまりコマーシャルに軽くて陽気な感じで出られると、逆に使いにくい。

あの役の持ってる重さとか格式に対して、きちっとできる方となると、やっぱり富司純子さんということになりました」（平山・談）

西郷や大久保と共に汗を流す薩摩の若手藩士たちは、蟹江敬三、内藤剛志、佐野史郎といった中堅どころの役者たちが演じました。さらに、その下の世代の藩士役として坂上忍、緒形直人といった当時の若手も登場します。

「みんな男くさいですよね。あの頃は、蟹江さん、内藤さん、佐野史郎さん、みんなまだそんなにビッグじゃないんです。ただ可能性をものすごく持った人たちを集めようと思って起用しました。

役者としても上り坂にあって『これから俺はやるぞ！』という人たちをいっぱい出すことができたと思います。小劇場や劇団でやってきた人たちがお互いにライバル意識を剝き出しでやってました。こっちが芝居をつけてる以上のことを、お互いにガーッとやってくれましたよ。あの頃は、やがて大きく売れる可能性のある役者を見つけて出演させることが生きがいでした」（平山・談）

しかし、作品内容への評価は別として、やはり本作も「幕末・明治は当たらない」というジンクスを破ることはできませんでした。ここまで三〇パーセント超えを三作続けてきた平均視聴率は、一気に半分近い二三・二パーセントまで落ち込んでしまいます。

それでも、元から視聴率を度外視して始めた企画です。平山は十分に満足でした。

「三十代とか四十代の男がね、一人で密かに涙を流しながら見てるっていう、そんな投書が来たんですよ。

もちろん大河ドラマというのはできるだけ多くの人に見てもらう、女性にももちろん、子供にも見てもらうんだけど、これはそういうドラマじゃなかったんですよね。たまたま硬派なスタッフばかりが揃ったのかもしれませんが、これでいいんだと思いました。三十代、四十代のサラリーマンが――グッと歯ぎしりしながら会社で毎日、いろんな理不尽なことを言われて耐えてるような男たちがね、密かに、涙を流して見ていると知って、『これでいいんだ』と思ったんです。こんな考え方は、今はもう通用しないと思いますけどね」

（平山・談）

＊平均視聴率二三・二パーセント、最高視聴率二九・三パーセント

『太平記』（一九九一年）

タブーに挑戦

歴史ものを復活させた大河ドラマが三作連続で高視聴率を続けた勢いは、ＮＨＫ内に不

思議な余裕をもたらしていました。「視聴率を度外視してでも、やりたい企画をやる」という考えが生まれていたのです。『翔ぶが如く』がまさにそうであり、その翌一九九一年もまたそうでした。

足利尊氏を主人公に、鎌倉幕府の滅亡から南北朝の争乱までを描いた吉川英治の長編小説『私本太平記』は、これまでも述べてきましたように、折に触れて大河で取り上げる動きはありました。が、尊氏は後醍醐天皇に弓を引いた「逆賊」とされてきた人物です。それだけなら平将門と同じですが、尊氏はその後醍醐天皇を倒し、新たな天皇を打ち立てます。それを描くのは、ＮＨＫをもってしても躊躇するものがありました。

しかも、南北朝の政治関係・人物関係は複雑で分かりにくい。その結果、タブー視されて封印されてきました。

それが、この大河が勢いに乗っている流れの中で、『太平記』として、ついに実現することになったのです。

プロデューサーは『黄金の日日』でディレクターを務めた高橋康夫、チーフ・ディレクターは『山河燃ゆ』の佐藤幹夫です。

「幹夫ちゃん、何か思い切ったことやろうよ」

「何をやりたいの?」

「どうせなら『太平記』を……」

これまで幾多の制作者たちが頓挫してきた企画は、二人のそんな話し合いから始まっていきました。


「天皇制と日本というテーマは、ずっとやりたかったんですよね。そして、『太平記』というのは日本人にとって天皇とは何かということが一番よく分かるドラマなんです。尊氏は最も敬愛している後醍醐を追い落とす羽目になり、その狭間で悩み続けるわけですね。自分の心とは異なる生き方をしていかねばならない。そこに惹かれました」（佐藤・談）

それでも、これまでタブーであり続けてきた企画を実現するためには、多方面に対して慎重にならざるをえない部分もありました。

特に、南朝方の宮や武将の多くが「御祭神」として神社に祭られています。しかし、「神のような人間」として描いても、ドラマにはなりません。愚かさや弱さも含めて人間らしく描く必要があります。そのため、高橋は神社本庁へお願いに行き、協力の許諾を得ることにしました。その次は保守系の政治家にも会いに行きました。

「太平記じゃなくて大変記だ」

制作陣はそう言いながら準備を進めていました。

尊氏と後醍醐

足利尊氏役には真田広之が起用されました。肖像画などにある角顔でいかついイメージの尊氏とは異なる美男子です。

「真田君は男っぽいっていえば男っぽいんだけど、その一方で、どこか女性的な雰囲気があるんですよ。足利尊氏という男を僕らなりに調べたところ、やや両性具有的なイメージがあるような気がしたんです。肖像画にあるような、立派な顔立ちの四角い顔で、いかにも武将らしいという雰囲気の人物ではないんじゃないか、と。男っぽいだけじゃ、男の世界にあって男はついてこないと思ったんです。真田君がいいなと」（高橋・談）

それに対する後醍醐天皇は歌舞伎界の名優・片岡孝夫（現・一五代目片岡仁左衛門）。見事にそのカリスマ性を演じきっています。

「対する後醍醐天皇も色気がなくちゃいけない。その色気というのは、自分が意識して出してるかどうか分からないんだけど、それに惚れてみんながついてくる。特に『太平記』の時代は、そういう美意識を大事にしていた時代だと思うんです。戦国の荒くれた時代と違う何かがあったような」（高橋・談）

そこで、「後醍醐天皇は片岡孝夫しかいない」と高橋は思い至ります。しかし、天皇を演じるという重責に、片岡は最初は何度も拒否をしたといいます。東京の歌舞伎座、京都で南座、高橋は片岡の公演があれば追いかけていき、楽屋の入り口で跪《ひざまず》いて、「お願いします、お願いします。後醍醐天皇は他に本当に考えられないんです」とひたすら頭を下げ続けました。

「後醍醐自身はデタラメなことを言うんだけど、みんなが『後醍醐のためならしょうがない』と言って死んでしまう。そういう魔力というか魅力のある役者というのは、そうはいないように思えます。

いつも『ここに立っているぞ』という感じの人じゃいけないんです。御簾《みす》の向こうで声だけが聞こえるんだけど、それがすごい強い意志と情熱を持っている。片岡さんをキャスティングできたことで、これでもうほぼできたと思いました」（高橋・談）

脚本は、これが初の大河となる池端俊策。人間の弱さやいじましさを描く名手です。そのため、本作の尊氏も英雄的には描かれていません。鎌倉幕府に兵を挙げる時や、後醍醐天皇に反旗を翻す時、いつも徹底して悩み苦しみ抜きます。

「当初は尊氏は、時代劇の主人公らしく、もっと直截な人間にしようかと思っていました。ですが池端さんと話してるうちに、そうじゃないんじゃないかと思うようになっていったんです。迷いに迷って、迷い死にしちゃう人じゃないか、という。みんなの前では強いことを言うんだけど、裏になると、『実は俺、間違ってたんじゃないか』と悩む。そんな感じが出せればと思っていました。

彼は今までの価値観を全て壊してきた男です。鎌倉幕府を壊し、なおかつ天皇制を壊そうとした。それは、実際にやろうとしたら怖くて怖くて、普通なら生きていけないくらい怖い決断だったと思います。真田君も演じる上ではずいぶん悩んでいました。『もっとカッコいい場面ないんですか』と聞いてきたこともありますよ」（佐藤・談）

人間臭い義貞と正成

尊氏と共に鎌倉幕府を滅ぼした立役者であり、やがて尊氏の最大のライバルとして並び立つ新田義貞は、本作ではいつも田舎侍としてのコンプレックスを抱き、カリスマ性のある尊氏に劣等感を持つ男として描かれています。これを当初は萩原健一が演じていましたが、途中で病気のため根津甚八に変更になりました。

「新田義貞的な人間は池端さんが最も得意なんです。ちょっと斜に構えて、二番手で、屈折している。しかも誘惑に弱い。池端さんがずっと書き続けてきた小市民像ですね。

尊氏は池端キャラクターのもっと上なんですよ。天皇制ですから、敵がデカい。池端さんというより、シェイクスピアの世界の人物です。それで尊氏が時々ちょっと小市民的になることがあったので、なるべくそうならないようにお願いはしていました。

ショーケンは人間の弱みを演じるのがすごく好きなんですよ。劣等感でグシャグシャになりながら、開き直るような。尊氏が神になり損なった男とすると、義貞は人間そのものだったと思います」（佐藤・談）

河内の土豪でありながら鎌倉幕府にゲリラ戦を仕掛けて翻弄し、命がけで後醍醐に付き従った楠木正成は、武田鉄矢が演じました。これも、「軍神」という従来の英雄的イメージからすると正反対のキャスティングです。

実は、当初は高倉健のようなイメージで正成役を配役する予定だったといいます。それに反対したのが、佐藤でした。


「健さんをキャスティングしてしまったら、戦前そのままの英雄譚でただの天皇礼賛になってしまいかねません。そこで、一番反対の武田鉄矢さんを持ってきた。土臭い田舎者みたいな。人がいい親父なんだけど、そんな男が結局は天皇のために自分の命を失ってしまう。そんな感じが出ればいいと思っていました。とにかく、あまり英雄にはしたくなかったんです」（佐藤・談）

武田鉄矢というキャスティングが発表になった段階で、右翼団体からは「プロデューサーを出せ」「これから街宣車でＮＨＫに行くからな」という電話がかかってきたといいます。高橋は自らその電話に応対しました。

「楠木正成公を武田鉄矢にやらせるとはどういうことだ！」

電話口でそう怒鳴ってくる団体員に、高橋は逆に質問を返します。

「どうして鉄矢さんじゃダメなの？」

「あんなの、足が短《みじけ》えじゃねえか！」

「足が短くたって楠木正成は立派な人なんだ。ぜひ鉄矢さんの芝居を見てくれ」

高橋にそう言われて、団体員は引き下がったといいます。

「その後、連絡はありませんでした。武田鉄矢さんの芝居は、そのくらい良かった」（高橋・談）

できる限り華やかな配役を！


本作には、緒形拳、藤村志保、フランキー堺、児玉清、近藤正臣、高橋悦史、樋口可南子、小松方正といったベテランから、沢口靖子、宮沢りえ、陣内孝則、本木雅弘、柳葉敏郎といった民放のトレンディドラマで活躍する若手人気者まで、幅広い俳優たちが顔をそろえていました。

「当時のリモコン付きテレビにサンヨーの『ズバコン』というのがあって、私はそれをもじってプロデューサーの近藤（晋）さんを『ツバコン』と言ってました。近藤さんの『コン』と『唾』で『ツバコン』。

どういうことかいうと、彼はもうあらゆるところでキャスティングの唾をつけてくる。だから、あれだけ多彩なキャスティングができたんです。それで『太平記』も『ツバコン』スタイルでいこうと。まず、できる限り華やかな、今活躍してる俳優を集めようとしました。配役は近藤さんの真似なんです」（高橋・談）

中でも、東北から一気に南下して京都にいる足利尊氏を撃破する名将・北畠顕家を人気アイドルの後藤久美子が演じたことは、意外性に富んでいました。

「絶世の美女が鎧をつけて太刀を振るうっていうのに、なんか震えるんですよ。ちょっと違うエロス的なものかもしれないですね」（佐藤・談）

顕家は公家として舞も教養も一流で、武将としても一流、しかも美男子だった。それだけに、キャスティング会議でもなかなか誰がふさわしいのかが思い浮かびませんでした。そんな中、高橋がふと「男じゃなくても、もういいかな」と漏らしたことをきっかけに佐藤が後藤久美子を提案したのです。

「時には性別を超えて別な性をやるというのは成立しうると思っていました。特に『太平記』の時代は、いろんな芸能が華やかになっていく頃なので、なんでもありなんじゃなかったかと思いまして。事務所に行って『今度は男の役です』と言ったら面白がって引き受けてくれました。

ゴクミさんは何かこうキリッとした、少女なんだけど少年っぽい凛々しさがあってね。ただ『まさかこの役が来るとは』とは言っていましたが」（高橋・談）

物語の前半、鎌倉幕府を取り仕切る内管領《ないかんれい》として尊氏の前に立ちはだかる権力者・長崎円喜は、大ベテランのフランキー堺が憎々しくもユーモラスに演じています。


「こういう長丁場のドラマとなりますと、役者も普通の人だけじゃなくて、尋常でない人物も本当に必要なんですよね。で、フランキーさんは僕がお願いして出てもらいました。鎌倉幕府が滅亡する場面では、撮影した１０６スタジオが火の海になるくらいにセットを燃やしました。その中でフランキーさんが芝居をしてくれまして。

それはもうサドマゾの世界に近い。われわれも取り込まれちゃってるわけだから、一緒

です。そして、そういう中でフランキーさんのお芝居もどんどんよくなっていく。素晴らしかったですね」(高橋・談)

　鎌倉幕府の執権でありながら何の実権も持てず、やがて孤独の中で気が触れていく北条高時は、当時まだお笑いタレントとしてのイメージが強かった片岡鶴太郎が怪演しています。

「前から鶴ちゃんのことが僕は好きでね。これはもう絶対、高時に使おうと思っていました。高時をマザコンにしたかったんです。権力の座にいるんだけれども、自分自身の能力に対して非常にコンプレックスがあって、いつも逃げたいと思っている。そういう、安寧を求められない男。安寧を求められないからこそ、人をいじめる。それで最初の頃、尊氏は酷い目に遭うわけです。

　芸人さんとか、芸人さん出身の俳優さんというのは、演技の振れ幅が大きいんですよ。思いもしないことをやってくる。通常の俳優さんって、言ってもなかなか幅が出ない。どうしても、教わってきたパターンを抜け出せないと言いますか。やろうと思うと演技になっちゃう。『コンプレックス』という演技になっちゃうんです。そうすると、なんかお客にも見えちゃうんですよ。『ああ、演技してんだね』というのが。そこは、素人のほうが素のままのコンプレックスを出してきて上手くいくことがあるんです」（佐藤・談）

民俗芸能

本作を制作するにあたり、NHK会長だった島桂次は佐藤に二つの条件を出しています。一つは「一人で撮りなさい」。もう一つは「お金はいくらかけてもいいから、侍ミーティングはやめろ」ということでした。

前者は無理なことなので、セカンド以下のディレクターも入れましたが、後者は受けいれています。「侍ミーティング」とは、広間などの屋内や軍議の席で武将たちが長く会議をする場面のことで、予算の削減やスケジュールの短縮、物語背景の説明の都合などもあり、これまで大河ドラマでは多用されてきました。

そこで、『太平記』は『武田信玄』以上の大がかりなオープンセットが建設されることになります。そして、足利市に隣接する群馬県太田市に鎌倉と京都の町並が再現されました。

特に、尊氏が初めて京都を訪れる場面では、その繁栄に対するカルチャーショックを表現するために、「ものすごい数の通行人と牛車が行き交うために道を渡ることができない」という描写をしています。それだけの、大きな道を造ってのけたのです。

さらに本作では、武将や公家たちだけでなく、各地を旅して回る田楽舞の芸能一座の様子も前半で丁寧に描かれ、幕府の目をかいくぐっての情報伝達の役割を果たしていました。

「基本的には僕は考証がすごく好きなんです。あの時代の衣装や生活はどうだったのかとかね。中でも芸能が好きでした。それまでの大河は鎌倉時代なのに振付の人が江戸時代の踊りを振りつけていたんですよ。それがすごく嫌でした。でも、チーフじゃないとそのあたりは思いどおりにできないんです」（佐藤・談）

『太平記』で初めてチーフとなった佐藤は、これまでの日本舞踊ではなく、狂言師の野村耕介（五世万之丞）に振付を依頼します。当時、万之丞は日枝神社で田楽踊りを再現しており、それを目にした佐藤が『太平記』の踊りや芸能関係の考証を全て依頼したのです。そして、能も含め、万之丞は文献を調べながら当時の踊りの様式を忠実に再現していきました。

＊平均視聴率二六・〇パーセント、最高視聴率三四・六パーセント

大河ドラマはついに、これまでタブーとされてきた題材すらも、エンターテインメントとして飲み込んでいきました。さまざまな試行錯誤の末に、歴史上のあらゆる題材をテーマにできる。そう思えるほどの制作力を持ったのです。また、そう思わせるだけの勢いが、この時期の大河ドラマにはありました。

最初は一人の男の思い付きから始まった大河ドラマが、蔑視や困難と戦いながら、ここまで到達したのです。

作り手たちがそれぞれの想いを込めて作品に挑み、そこに多額の予算と豪華な俳優陣がつぎ込まれ、多くの大衆がそれを受け入れる——誰にとっても幸せな「黄金時代」といえました。

本書における、大河ドラマ史の検証作業は、ひとまずこれまでに致しとうござりまする。

といいますのも、ここから先はまた異なる文脈での大河ドラマ史となっていくからです。

それはどのようなものか——。最後にその触りだけ、軽く述べたいと思います。

エピローグ　それから

ＮＨＫエンタープライズへの移行

ＮＨＫは視聴者の受信料収入により番組制作をしている性格上、その番組を使ってビジネスをすることは認められていません。しかし、潤沢なコンテンツがあるというのに手をこまねくのは余りに惜しい——そう考えたＮＨＫは一九八五年、新たに一〇〇パーセント出資による外郭の株式会社・ＮＨＫエンタープライズを設立、ここに制作を外注することで「番組の商品化」を図ろうとします。

そして、八九年にＮＨＫの会長となった島桂次は『太平記』の放送途中に大河ドラマをＮＨＫエンタープライズの制作にすることを決定しました。制作部員の三分の一が出向させられ、九二年の『信長〜KING OF ZIPANGU』からＮＨＫエンタープライズが大河ドラマの制作を請け負うことになります。

それでも、『信長』は企画準備段階ではＮＨＫ本体の制作となっていたため、そう大きな変化はありませんでした。『武田信玄』に続く重光亨彦チーフ・ディレクターと脚本家の田向正健のコンビが、重厚で観念的な作品に仕上げています。

大きな変化が訪れるのは翌九三年です。島は大幅な出向人事を断行してすぐの九一年七月に失脚していましたが、すでに決定をいくつか下しており、大河制作班はそれに従うしかありませんでした。

まずは大きかったのは「一年に一作」という放送形態の変更です。

島は「一年間も同じドラマをやることに視聴者は飽きてきており、このままではマンネリになる」と考えていました。この考えは必ずしも間違いとは言い切れず、実際にこの時期の大河は終盤になると物語展開がダレていくようなケースは少なくありませんでした。

そこで、変則的な編成が敷かれることになります。『信長』の次の作品である『琉球の風』は九三年一月にスタートして同年六月まで、続く『炎立つ』は九三年七月スタートで翌年三月まで、その後の『花の乱』は九四年四月スタートで同一二月まで——と、一月から一二月までというこれまでの大河ドラマの慣例は変更されました。

そして、結果的にこの変革は失敗に終わります。『独眼竜政宗』の際に中村克史が指摘したように、大河ドラマとは視聴者にとっては「年鑑」的な意味合いを持つ枠として習慣づけられてきました。これが変えられたことで、大きな混乱がもたらされたのです。

その結果、一月スタートではない『炎立つ』『花の乱』は低視聴率にあえぐことになります。

同時に、この変更は現場サイドにもしわ寄せをもたらすことになりました。

これまで大河ドラマは一月スタート。そのため、開始時期と終了時期が年度会計の区切りである四月からズレます。実はこのことが現場的には大きかったのです。

というのも、前の年の大河で余った予算は翌年の大河の一月から三月までに回すことができ、そうした融通を作品ごとにし合いながら、現場は予算をやりくりしていたのです。しかし、『炎立つ』と『花の乱』の間は四月で区切られてしまったため、それができなくなってしまいます。そのため、名目の予算自体は変わらないものの実質的には大幅な目減りとなり、現場はコストカットを強いられることになったのでした。

大河のビジネス化

先に挙げた事情により視聴者にも現場にも混乱をきたしたこともあり、大河ドラマは九五年の『八代将軍 吉宗』で再び本体制作に戻り、編成も「一年に一作」の従来どおりに回帰、以後それが現在まで続きます。

ただ、この時も島の敷いた路線が一つ残ることになります。それは「作品の商品化」です。島がＮＨＫエンタープライズに大河制作を受注させたのも、そもそもはそれが大前提になっていました。

ＮＨＫのドラマの代表は大河ドラマ。これをコンテンツとして利用し、もっと国際的に売ったり、メディアミックスを図る。「その利益の一部をＮＨＫ本体に還元し、受信料を節約する」――それが島の狙いでした。

これまでにも、大河ドラマの舞台となった地域は観光名所となり、多くの観光客が訪れるようになっていった例はあります。また、『武田信玄』のようにロケ地との協力関係が組まれた作品もあります。そして、こうした流れを受けて、自治体関係者がＮＨＫに陳情に訪れるようになっていきました。

「我が地域のこんな人物をテーマにしてほしい」「我が町のここにオープンセットを建ててくれれば、自治体として撮影に協力する」

島の敷いた基本方針以降、物語の舞台となる県や市、撮影が行われる自治体、そこに関連する企業と、大河ドラマ作品を結びつけたビジネスが本格化していきました。

つまり、大河ドラマは単なる「作品」としてだけではなく「商品」としての側面も意識されるようになったということです。そうなると、大河ドラマはＮＨＫの組織や外郭企業も含めた全体の命運を握る、大プロジェクトになります。かつてのように個々のプロデューサーやディレクターの「これを題材に作りたい」という想いだけで企画が決まるという規模ではなくなってしまったのです。

もちろん、それによってさらに大きな予算が組まれたり、大きなオープンセットを作れたりと、制作においてのプラスも大きくありました。ただ、大河ドラマの置かれる位置が変わっていったことは確かです。

そうした背景もあり、今回は『太平記』までを一区切りとさせていただきました。

次の時代のこともまた改めて、新たな歴史として書ける時が来ることを望みつつ——。

おわりに

ＮＨＫ大河ドラマがどのように作られたのか。「時代劇研究家」として時代劇作りの裏側を調べることを専らとする身にとって、それは重要なテーマでした。

その取材は、まだ大学院生だった二〇〇五年三月に個人的な伝手を頼って合川明さんのお話をうかがえたところから始まります。その後、二〇一〇年二月にトークイベントでの共演を通して大原誠さんと知り合い、断続的に取材をすることができました。

お二人のお話を通して、大河ドラマの裏側にもまた、もう一つの大河ドラマのようなダイナミックな流れが息づいていることを知ります。作り手たちの目からの大河ドラマ史を、いつか書きたい。そう思うようになっていました。

そして二〇一五年二月にＮＨＫ出版の大場旦さんと出会い、企画は実現に向けて動き出します。そこから約一年をかけてＮＨＫ大河を担当された皆様に取材をしました。

取材終了からここまで、五年近い月日を経てしまいました。その間に、大原誠さん、吉村芳之さん、齊藤暁さん、近藤晋さん、村上慧さん、岸田利彦さん……がお亡くなりになりました。企画開始の段階でお亡くなりになっていた合川明さんも合わせると、七名になります。皆さん、完成を心待ちにされていたにもかかわらず——慙愧《ざんき》にたえません。

それでも、ようやくなんとか、こうして刊行にこぎつけることができました。

ご協力いただいた皆様に、改めて御礼申し上げます。

二〇二〇年一二月

春日太一

《取材者一覧》※五十音順、敬称略

合川明、伊豫田静弘、大原誠、岡崎栄、岸田利彦、小林猛、近藤晋、齊藤暁、佐藤幹夫、重光亨彦、澁谷康生、清水満、高橋康夫、土居原作郎、中村克史、平山武之、松尾武、村上慧、村上佑二、吉岡利夫、吉村芳之

主な参考文献

能村庸一『実録テレビ時代劇史――ちゃんばらクロニクル１９５３―１９９８』東京新聞出版局、一九九九年
伊豫田康弘他『テレビ史ハンドブック――読むテレビあるいはデータで読むテレビの歴史』自由国民社、一九九六年
日本放送協会編『日本放送史』日本放送協会、一九五一年
大原誠『ＮＨＫ大河ドラマの歳月』日本放送出版協会、一九八五年
ＮＨＫ出版編『ＮＨＫ大河ドラマ大全――50作品徹底ガイド　完全保存版』ＮＨＫ出版、二〇一一年
ＮＨＫサービスセンター編『ＮＨＫ時代劇の世界』ＮＨＫサービスセンター、二〇〇六年
鈴木嘉一『大河ドラマの50年――放送文化の中の歴史ドラマ』中央公論新社、二〇一一年
長澤泰治『ＮＨＫと共に七〇年――わが回想の九〇年』藤原書店、二〇〇八年
吉田直哉『私のなかのテレビ』朝日選書、一九七七年
小川淳一『テレビドラマの世界――現代映像論への試み』ミネルヴァ書房、一九八五年
近藤晋『プロデューサーの旅路――テレビドラマの昨日・今日・明日』朝日新聞社、一九八五

年
澁谷康生『TVドラマ・プロデューサー――作品に込めた思い』太陽企画出版、一九九二年
土居原作郎『関西のテレビドラマ史』上方芸能出版センター、一九九五年
倉本聰『見る前に跳んだ――私の履歴書』日本経済新聞出版社、二〇一六年
NHK大河ドラマ・ストーリー『風と雲と虹と』（一九七六年）／『花神』（一九七七年）／『黄金の日日』（一九七八年）／『草燃える』（一九七九年）／『獅子の時代』（一九八〇年）／『おんな太閤記』（一九八一年）／『峠の群像』（一九八二年）／『徳川家康』（一九八三年）／『山河燃ゆ』（一九八四年）／『春の波涛』（一九八五年）／『いのち』（一九八六年）／『独眼竜政宗〈二〉〈完結篇〉』（一九八七年）／『武田信玄』（一九八八年）／『春日局』（一九八九年）／『翔ぶが如く〈第一部　幕末編〉〈第二部　明治編〉』（一九九〇年）／『太平記』（一九九一年）、以上すべて日本放送出版協会

校閲　大河原晶子
撮影　尾崎　誠
ＤＴＰ　角谷　剛

春日太一 かすが・たいち
1977年、東京都生まれ。映画史・時代劇研究家。
日本大学大学院博士後期課程修了。
著書に『天才 勝新太郎』『鬼才 五社英雄の生涯』
『日本の戦争映画』(以上、文春新書)、
『あかんやつら 東映京都撮影所血風録』(文春文庫)、
『時代劇は死なず！ 完全版 京都太秦の「職人」たち』(河出文庫)、
『すべての道は役者に通ず』(小学館)、
『時代劇入門』(角川新書)など多数。

NHK出版新書 647
大河ドラマの黄金時代
2021年2月10日　第1刷発行

著者 春日太一
発行者 森永公紀
発行所 NHK出版
〒150-8081 東京都渋谷区宇田川町41-1
電話 (0570) 009-321(問い合わせ) (0570) 000-321(注文)
https://www.nhk-book.co.jp (ホームページ)
振替 00110-1-49701

ブックデザイン albireo
印刷 新藤慶昌堂・近代美術
製本 藤田製本

Printed in Japan ISBN978-4-14-088647-2 C0274

NHK出版新書好評既刊